Signos de Sol y Luna

Los secretos de los 12 signos del zodiaco, diferentes combinaciones astrológicas Sol-Luna, tipos de personalidad y compatibilidad

Índice de Contenidos

Primera Parte Signos Solares

Descubriendo los Secretos de los 12 Signos del Zodíaco en la Astrología Occidental para Comprender los Tipos de Personalidad

Introducción

Para la mayoría de las personas, la astrología horoscópica es poco más que una fuente de entretenimiento y algo para ayudarles a pasar el tiempo. Esto a menudo se trata de leer el horóscopo diario con una taza de café o comparándolo con los eventos del día. Esto es desafortunado, porque ni siquiera rasca la superficie de lo que su signo del zodíaco puede decir sobre usted y lo que los signos de los demás pueden decir sobre ellos.

Todo el mundo conoce su signo astrológico del zodíaco, y la mayoría de la gente, en algún momento, hablará de sus signos con alguien como una forma de conversación trivial. El interés no va más allá de ello. Un error común sobre los signos del zodíaco y el horóscopo es que se tratan de adivinación. En realidad, hay mucho más de lo que parece cuando se trata de su signo zodiacal. Una de las cosas más importantes acerca de los doce signos del zodíaco es cómo se relacionan con los tipos de personalidad, y cómo pueden ayudarnos a comprender mejor a las personas y sus sentimientos y acciones.

El primer paso para comprender mejor los signos del zodíaco es aprender que hay tres grupos, incluidos los signos solares, que discutiremos en este libro, así como los signos lunares y los signos ascendentes. Cada persona tiene un signo en cada una de estas tres clasificaciones, y los astrólogos más comprometidos usarán los tres para crear el perfil lo más detallado posible de una persona. La astrología de los signos solares, que se concentra en los doce signos del zodíaco, es esencialmente una forma simplificada de hacer las cosas, característica de la astrología occidental.

Sin embargo, esto no significa que no sea un sistema sofisticado. La astrología occidental tiene sus raíces en la antigua Mesopotamia y Grecia y, como tal, tiene más de 2000 años de antigüedad. Los babilonios y los griegos son las culturas que reciben la mayor parte del crédito en lo que respecta al desarrollo temprano del sistema, pero otras también han contribuido de manera importante a preservarlo, como los romanos y los árabes. Gran parte de lo que se ha conservado de la antigua astrología helenística se debe a los registros mantenidos por Ptolomeo, un matemático, astrónomo, astrólogo y geógrafo, en el siglo 2 e. c. Esto ahora se conoce como astrología accidental y es ampliamente utilizada.

En ese sentido, los signos astrológicos son los doce signos que representan sectores de 30 grados de la eclíptica (el plano de la órbita de la Tierra alrededor del sol). Los signos comienzan en algo llamado *equinoccio de primavera* con el signo de Aries. Sin entrar en demasiados detalles, los signos se basan en constelaciones individuales visibles dentro del zodíaco. Este es el nombre que se le ha dado a un cinturón o área en particular que podemos observar en el cielo, ocho grados al norte o al sur de la eclíptica.

Esta es la trayectoria del sol a través de la *esfera celeste* en el transcurso de un año o, más precisamente, el año tropical, que es el tiempo que tarda el sol en encontrar su camino de regreso a la misma posición. Esto se relaciona a lo que podemos ver desde aquí en la Tierra. Dentro de ese mismo cinturón del zodíaco, podemos observar los caminos de la luna y los planetas, todos los cuales son importantes para la astrología occidental. Sin embargo, lo que es el zodíaco en sí y todos los detalles astronómicos que juegan un papel en la astrología merecen un libro propio. Este libro se centrará en las formas prácticas en que estos diferentes factores pueden afectarnos a nivel personal. Antes de profundizar en los doce signos, aclaremos algunas cosas más sobre cuáles son los diferentes signos y qué aspectos, características y clasificaciones adicionales de estos signos usan los astrólogos para obtener una imagen clara de la carta natal de una persona, y cómo le afecta.

Cuando nace una persona, las estrellas, los planetas y el sol estarán en ciertas posiciones cuando son observados desde la Tierra, lo que determinará la *carta natal* de esa persona. Así es cómo se identifican los signos del sol, la luna y ascendentes de una persona.

Como mencionamos brevemente, el signo solar es el que todos conocen. Como su nombre indica, el signo solar está determinado por el signo del zodíaco en el que se puede observar el sol en su fecha de nacimiento. En cada signo, el sol se relaciona con la Tierra de manera diferente, afectándonos a todos. En algunos signos, el sol está más lejos o es visible durante menos horas al día, mientras que, en otros, nuestra estrella que sostiene la vida está en su estado más poderoso y radiante. Basándose en estas y otras propiedades relacionadas con cada uno de los doce signos, se nos otorgan ciertos rasgos y características al nacer, exactamente lo que estudia la *astrología de los signos solares.*

La posición de la luna determina su signo lunar. Este signo influye en el lado más sutil y oscuro de su naturaleza e identidad. El signo lunar puede influir en sus características emocionales, especialmente aquellas que no siempre puede expresar, aquellas que permanecen ocultas. Piense en cosas como su monólogo interior, pensamientos, intuición y otras cosas que todos escuchamos en nuestras mentes y corazones.

Los signos ascendentes son quizás de los que menos ha oído hablar. Su signo ascendente se puede describir más acertadamente como su *yo social,* y es el que estaba en el horizonte oriental al momento de su nacimiento. El signo es su yo social porque es la manifestación de cómo se presenta al mundo. Prácticamente todo el mundo hace esto hasta cierto punto: se visten de cierta manera, adoptan estilos y eligen qué partes de su verdadera personalidad quieren revelar. Las cosas que elige mostrar dicen mucho sobre usted y sus prioridades, por lo que muchos astrólogos piensan que este es un importante signo a considerar.

Su signo solar será suficiente para determinar los rasgos principales de su signo. Hay muchas razones por las que es importante comprender los signos del zodíaco, especialmente su signo solar. Por un lado, obtendrá una mejor comprensión de sus fortalezas y debilidades mientras simultáneamente aprende a aprovecharlas al máximo. Obtendrá la misma información sobre otras personas, lo que le ayudará a lidiar con los conflictos de una manera más saludable, a empatizar más, y a mejorar sus relaciones existentes.

Elementos

A medida que exploramos los detalles y rasgos de cada uno de los doce signos, será mucho más claro cómo entran en juego los elementos, la modalidad y otras clasificaciones. Por ahora, comencemos señalando que hay cuatro elementos, los que son fuego, tierra, aire y agua. Estos elementos son iguales en importancia y poder, pero todos gobiernan áreas diferentes y tienen características únicas. Estos cuatro elementos también se denominan *elementos clásicos* porque fueron identificados y descritos por Empédocles, un filósofo griego en el siglo 5 a. e. c.

Cada uno de los doce signos del zodíaco está imbuido de uno de estos cuatro elementos, y estos cuatro están distribuidos por igual entre los doces. Las clasificaciones elementales de los signos se dividen a su vez en dos grupos de acuerdo a su polaridad, siendo positivos los signos de fuego y aire, mientras que los signos de agua y tierra son negativos. Entre los signos positivos, los signos de fuego incluyen Aries, Leo y Sagitario, mientras que los signos de aire incluyen Géminis, libra y Acuario. En cuanto a los signos negativos, los signos de tierra son Tauro, Virgo y Capricornio, mientras que Cáncer, Escorpio y Piscis tienen el agua como su elemento. A medida que exploramos los diferentes signos, consideraremos cómo los respectivos elementos influyen en cada signo.

Modalidad

Entre los cuatro elementos, cada uno incluye tres modalidades, que son cardinales, fijas y mutables. Cada modalidad influye en cuatro signos y determina mucho sobre su naturaleza. Los signos cardinales son Aries, Cáncer, Libra y Capricornio. Estos signos también se denominan signos de reacción o reactivos. El nombre de esta clase de signos sugiere que son "importantes", simbolizados por el hecho de que cada signo marca el comienzo de una nueva estación.

En cuanto a los signos de modalidad fija, estos incluyen Tauro, Leo, Escorpio y Acuario. La modalidad fija se asocia con estabilidad, voluntad firme, profundidad y otras características. Una forma en que la modalidad fija afecta estos signos es haciéndolos más resistentes al cambio, pero más adelante aprenderá cómo eso se traduce en rasgos personales en cada signo.

Finalmente, hay cuatro signos mutables, incluidos Géminis, Virgo, Sagitario y Piscis. La modalidad mutable tiene principalmente una influencia opuesta sobre la de la modalidad fija. Estos signos son adaptables y flexibles, entre otras cosas. A estos signos les encanta experimentar e influir en el cambio. Lo que también es importante para estos signos es que cada uno de ellos marca el final de una estación.

Regencia Planetaria

Cada uno de los doce signos del zodíaco está regido por al menos un planeta del sistema solar. En los términos más simples, estas son relaciones especiales que los signos del zodíaco tienen con los cuerpos celestes en nuestro sistema. Cuando una persona nace bajo un determinado signo, la posición de estos planetas puede influirla de diversas formas. En la astrología occidental, cada signo tiene planetas gobernantes clásicos y modernos, que son iguales en todos excepto en tres, que son Escorpio, Acuario y Piscis. Además, cada planeta tiene sus propias propiedades y rasgos, generalmente encarnados en los dioses de muchas mitologías pasadas. La regencia planetaria para cada signo es:

- Aries – Marte

- Tauro – Venus

- Géminis – Mercurio

- Cáncer – Luna

- Leo – Sol

- Virgo – Mercurio

- Libra – Venus

- Escorpio – Plutón (Moderno) y Marte (Clásico)

- Sagitario – Júpiter

- Capricornio – Saturno

- Acuario – Urano (Moderno) y Saturno (Clásico)

- Piscis – Neptuno (Moderno) y Júpiter (Clásico)

En cuanto a los planetas, hay otros factores que los astrólogos consideran al mirar la carta natal de un individuo. Por ejemplo, un planeta puede estar exaltado o en detrimento de ciertos signos. La regencia no debe malinterpretarse en el sentido de que se garantiza que un planeta está en un determinado signo. Cuando un planeta está en un signo en el que se dice que está en detrimento, estará en un estado debilitado, lo que significa que no puede alcanzar su máximo potencial y, en última instancia, tendrá una influencia perjudicial en la persona nacida bajo tal ubicación. Pero un planeta se exaltará cuando se coloque en su signo de origen (domicilio), lo que significa que tendrá su máxima fuerza. Aprenderá más sobre esto más adelante en este libro.

Casas

Lo último que hay que aclarar antes de comenzar son las casas astrológicas, que es otro sistema de dividir el horóscopo, esta vez en doce partes. Las posiciones de estas casas están determinadas por la ubicación física y hora del día en lugar de una fecha. Por lo tanto, las casas son otro factor importante que los astrólogos consideran al crear la carta natal de alguien. La clasificación es bastante simple, delineando doce casas desde la primera a la duodécima, todas las cuales corresponden a los doce signos del zodíaco. La siguiente es una lista de las casas astrológicas, sus correspondientes signos del zodíaco y una variación respectiva de su título:

- La Primera Casa – Aries – Casa del Yo
- La Segunda Casa – Tauro – Casa del Valor
- La Tercera Casa – Géminis – Casa de Compartir
- La Cuarta Casa – Cáncer – Casa del Hogar y la Familia
- La Quinta Casa – Leo – Casa del Placer
- La Sexta Casa – Virgo – Casa de la Salud
- La Séptima Casa – Libra – Casa del Equilibrio
- La Octava Casa – Escorpio – Casa de la Transformación
- La Novena Casa – Sagitario – Casa de la Filosofía
- La Décima Casa – Capricornio – Casa del Emprendimiento
- La Undécima Casa – Acuario – Casa de las Bendiciones
- La Duodécima Casa – Piscis – Casa del Sacrificio

Capítulo Uno: Aries – El Carnero

Experimentación, audacia, independencia, honor e iniciativa son los rasgos más pronunciados que marcan la naturaleza de Aries. Aries es un signo de fuego regido por Marte mientras rige la primera casa, que son aspectos que determinan la naturaleza fogosa y testaruda del signo. Es por eso que el símbolo astrológico de Aries, que es el carnero, es tan adecuado.

Aunque Aries es el primero de los doce signos del zodíaco, la fecha de nacimiento del signo se ubica aproximadamente entre el 21 de marzo y el 19 de abril. La modalidad del carnero es cardinal, lo que determina muchos de sus rasgos distintivos, especialmente aquellos que impactan la forma en que se relacionan con los demás. Al igual que los otros tres signos cardinales, Aries marca el comienzo de una nueva estación. Dado que esa estación es la primavera, esto generalmente se interpreta como una de las fuentes de los altos niveles de energía, motivación y liderazgo de Aries. Pero el elemento fuego de Aries alimenta las otras características del signo, como la asertividad, la pasión y la impulsividad ocasional.

Si bien Marte lo rige, Aries también está bajo la influencia de muchos otros planetas de diferentes maneras. Por ejemplo, según el Thema Mundi, la antigua carta natal helénica, Aries se ubica en el medio cielo de la carta (parte superior). De acuerdo a esta interpretación, esta posición coloca a Aries de tal manera que garantiza que obtendrá la mayor cantidad de energía del sol. Aries también tiene un regente moderno y secundario representado por Plutón, al igual que otros signos, como aprenderá más adelante. La influencia perjudicial puede ocurrir cuando Venus o Saturno están en Aries. Por lo tanto, el planeta perjudicial de Aries es principalmente Venus, mientras que su cuerpo celeste exaltado es el sol mismo.

Rasgos de Personalidad

Las personas nacidas bajo el signo Aries tienden a ser duras, lo que los convierte en líderes fuertes y dan a conocer su presencia dondequiera que vayan. A menudo son personajes imponentes con mucha energía y carisma, que contagian a las personas que encuentran. Esta impresión puede ser positiva o negativa, dependiendo de varios contextos y los rasgos de las personas con las que interactúan.

Aries es la persona que siempre prefiere tomar la iniciativa, abrir nuevos caminos y abrir el camino a los demás. Esto también significa que son muy independientes y autosuficientes, mientras que, al mismo tiempo, suelen estar guiados por un fuerte sentido del honor. Debido a la modalidad cardinal de este signo, Aries también tiende a ser racional y fácil de razonar. Debido a su combinación de liderazgo y coraje, los carneros son las personas que trazan el camino y se atreven a pisar donde otros no lo han hecho. Esto también significa que Aries corre riesgos, lo que a menudo se traduce en éxito en muchos ámbitos de la vida. Su coraje se debe a la regencia de Marte. Los Aries son generalmente personas con una perspectiva muy positiva de la vida, que tienen el optimismo y la fe para pensar siempre en una forma de resolver un problema, y la persistencia para seguir tratando hasta un resultado exitoso o hasta que se quedan sin opciones.

A pesar de su capacidad para ser razonables, la naturaleza valiente y dura del carnero a veces puede hacer que actúen con demasiada rapidez. En los términos más simples, se sabe que Aries es de mal genio. Es muy probable que a menudo tengan arrebatos verbales e incluso físicos. A pesar de que su razón es rápida para actuar y calmarlos, y que los carneros rara vez guardan rencor, sus arrebatos a veces pueden causar un daño severo a sus relaciones. Otro defecto potencial de Aries tiene que ver con su disposición a correr riesgos.

Cuando se descontrolan y se trastornan, el optimismo y el coraje del carnero pueden llevarlos por caminos peligrosos, tanto física como metafóricamente. Los carneros también suelen ser impacientes e inquietos, lo que puede traducirse en diversas dificultades. A muchos Aries les resultará difícil ceñirse a una sola cosa, ya sea una tarea, una actividad placentera o cualquier otra cosa. A menudo, un Aries querrá pasar a algo más estimulante antes de terminar con lo que sea en lo que ha estado trabajando.

Compatibilidad

La compatibilidad de Aries con otros Aries deja mucho que desear. Principalmente debido a su similitud, los Aries a menudo no son muy compatibles entre sí en el amor, pero puede haber excepciones. Las similitudes también pueden ser una base sólida para la amistad u otras formas de cooperación, por lo que indudablemente hay contextos donde Aries y Aries pueden funcionar adecuadamente.

En cuanto a los otros signos, Aries encontrará que algunos son muy agradables, mientras que otros pueden darles dificultades significativas. Generalmente, Aries es más compatible con Virgo, Sagitario y Piscis, especialmente en relaciones románticas. La compatibilidad con otros signos varía en cuanto a lo difícil que sea para el Aries llevarse bien con los demás, pero la mayoría de las relaciones funcionan con suficiente comprensión y esfuerzo.

A pesar de las cosas que a veces pueden salir mal, la naturaleza de Aries los hace muy sociables y, por lo general, son muy queridos. Debido a que son extrovertidos y comunicativos, los carneros son divertidos, y su energía tiene una forma de contagiarse a otras personas. Por dominantes que sean, los Aries siguen siendo magnánimos y, como dijimos, honorables. A menudo, esto los convierte en muy buenas parejas, amigos, compañeros de trabajo y conocidos.

Aries puede tener problemas con personas con poca paciencia por sus altos niveles de energía y su carácter imponente. Aquellos que son rebeldes por naturaleza pueden ponerse a la defensiva si sienten que la personalidad dominante de Aries es una amenaza para su independencia u orgullo. Tales encuentros pueden ser especialmente problemáticos si un Aries ha caído en algunas trampas sobre las que ha leído. En casos extremos, Aries puede volverse demasiado mandón o incluso convertirse en un matón. Cuando se encuentran con personas que quieren imponerse y oponerse, pueden surgir serios conflictos.

Amor

La naturaleza obstinada, valiente y fogosa del carnero suele ser bastante pronunciada en su vida amorosa y puede resultar impactante o refrescante para la otra parte. Si usted es carnero, es probable que ya haya experimentado este impulso. Como en cualquier otro ámbito de la vida, Aries no tiene problemas para entablar una relación, incluso si implica un riesgo o involucra muchos territorios inexplorados. Les darán una oportunidad a las cosas e intentarán hacerlas funcionar, especialmente si sienten una fuerte atracción por una persona.

Una vez en la relación con alguien, la apertura desenfrenada del carnero continuará. Aries expresará sus sentimientos de manera clara, en voz alta y sin miedo, y su enfoque será el mismo con el compromiso porque no tienen miedo de tomar en serio a una persona. Todo esto hace que Aries se apasione mucho en el amor y pueda proporcionar muchos momentos románticos. Además, la persona que experimente esta avalancha de amor de Aries se sentirá como si estuviera en la cima del mundo. Algunos signos disfrutarán de eso, pero otros que están más preocupados por las consecuencias y prefieran pensar a largo plazo pueden llegar a sentirse incómodos con la implacable carga de Aries.

Por otro lado, este enfoque desinhibido también puede conducir a un poco de ceguera, lo que puede ser algo hiriente y peligroso en el amor. Esto eventualmente puede conducir a problemas no solo para otras personas, sino también para los propios Aries. Aries tiene ese lado racional, pero, como mencionamos anteriormente, su naturaleza obstinada y dura a menudo los supera. Las cosas que el carnero le dice a una pareja y la franqueza de sus emociones pueden alimentar el amor ciego de esa otra persona. Esto es especialmente probable que suceda cuando la relación es entre dos carneros. Es por eso que Aries puede beneficiarse enormemente de una pareja calculadora y altamente racional, pero cuando todo esté dicho y hecho, Aries será una pareja altamente dinámica, apasionada, honesta y divertida.

Otras Relaciones

La lealtad de Aries es lo que los hace muy adeptos a todo tipo de relaciones que no sean románticas. Los carneros son grandes amigos y suelen ser muy devotos a su familia. Esto es cierto incluso cuando no se traduce en una relación funcional. Aries puede quedar atrapado en sus búsquedas mundanas y descuidar involuntariamente a las personas que le importan durante un tiempo antes de volver a recordarlas.

En la mente de Aries, nada está mal y la situación es normal, pero otros signos pueden tomar esa distancia en serio. Pero bajo la superficie, Aries no tendrá dudas acerca de dónde radica su lealtad. Aries es un signo apasionado que puede calentarse y perder la cabeza rápidamente. Este temperamento puede obstaculizar las relaciones, especialmente con los miembros de su familia. No estar de acuerdo con los padres, hermanos y otros seres queridos puede hacer que Aries se enfurezca y existan conflictos. Una vez más, sin embargo, Aries seguirá siendo leal y, cuando llegue el momento, estará allí para sus seres queridos.

Si tiene hijos Aries, debe considerar los rasgos que hemos discutido desde una edad temprana. Estos niños son extrovertidos, proactivos y tratarán de hacerse valer entre sus compañeros. A un niño Aries se le debe enseñar disciplina desde la edad más temprana posible porque esta naturaleza puede llevar a un niño Aries indisciplinado a muchos problemas. En la otra cara de esa moneda, Aries es un padre apasionado y devoto, pero su temperamento puede ser un problema. Los niños que requieren un enfoque paciente y calculado pueden sufrir si su padre Aries no aprende a ser menos reactivo, especialmente cuando son demasiado rápidos para aplicar castigos.

Finalmente, Aries no tendrá muchas dificultades para ser amigos dondequiera que vaya. Como Aries es un individuo apasionado que busca emociones y necesita cambios y espontaneidad, sus amigos deben saber cómo mantenerse al día para preservar la amistad.

Trabajo

Las profesiones perfectas de aries son aquellas en las que su individualidad, autosuficiencia, confianza, disposición a asumir riesgos y deseo de emociones puedan llevarse a cabo plenamente. Las carreras que no son estimulantes y dinámicas pueden sentirse como una sentencia de prisión para Aries. Sobre todo, Aries debe evitar trabajos que impliquen muchas rutinas y requieran que una persona dedique mucho tiempo a los pequeños detalles. La única forma en que Aries puede realizar este tipo de trabajo y mantener una apariencia de satisfacción es compensándolo con abundantes cantidades de aventura, ejercicio y emoción en su vida personal fuera del trabajo.

Como probablemente pueda deducir, los Aries tienden a sentirse como en casa en el ejército, la policía u otros trabajos de alta intensidad. Sin embargo, no es que solo esos trabajos sean estimulantes e intensos. Aries anhela el propósito simple y claro que estos trabajos pueden proporcionar y, a menudo, disfrutarán luchando por ese propósito. Otros servicios de emergencia también son llamadas naturales para Aries, ya sean bomberos, personal médico de emergencia o servicios de rescate.

A Aries también le irá bien cuando dedique su vida a deportes altamente competitivos, especialmente boxeo, artes marciales y lucha libre. Estas disciplinas le dan a Aries una amplia oportunidad para luchar y hacerlo con integridad mientras se esfuerza por ser la mejor versión de sí mismo, física y mentalmente. Marte, generalmente tratado como el dios de la guerra, influye en las afinidades de Aries.

En el lugar de trabajo, Aries brillará con su don de liderazgo y no tendrá problemas para hacerse valer. Si no cae en ninguno de sus extremos negativos, los Aries pueden convertirse en sobresalientes supervisores de todo tipo. Tendrán la confianza para liderar, pero lo que es más importante, tendrán la comprensión y la voluntad de ayudar y aconsejar a sus subordinados. Aries tiene el potencial de ser el mejor jefe que jamás haya existido. Sin embargo, si pierde el equilibrio y sucumbe a esos defectos potenciales, puede ser una pesadilla trabajar junto a él. Ni hablar de trabajar bajo él.

Llevarse Bien con un Aries

Para llevarse bien con un Aries, es importante tener respeto, ser honesto y tener la piel gruesa. Como ha leído, Aries puede ser muy honesto, irascible y dominante. Cuando se combinan, estos factores pueden hacer que digan y hagan cosas duras de las que más adelante se arrepentirán. Para llevarse bien con Aries, debe estar preparado para ese tipo de incidentes. Será importante que reaccione de manera racional pero también asertiva, sin agregar su propio combustible al fuego. Aries lo respetará por mantenerse firme, pero también razonará más fácilmente si mantiene la cabeza despejada y mantiene el control.

También es una buena idea dejar que Aries decida los detalles de sus planes, como la hora y el lugar de una reunión, por ejemplo. Sin embargo, no se trata de alimentar su ego. Déjelos que se hagan cargo porque a menudo son la persona más aventurera de la sala. Además, Aries está en su mejor momento cuando se hace cargo, por lo que es probable que se divierta más con ellos de lo que lo haría de otra manera.

Lo mejor que puede hacer es mantener la mente abierta y tratar de ser flexible. Para llevarse bien con un Aries, afortunadamente, la naturaleza estará de su lado. Es fácil llevarse bien con estas personas por su propia personalidad. Si puede mantener el ritmo de la emoción y la energía, descubrirá que no tiene que hacer nada especial. La mayoría de las veces, Aries se hará amigo de usted o establecerá comunicación incluso antes de que haya tenido tiempo de planificar su acercamiento. Simplemente eso es lo que hace.

Capítulo Dos: Tauro – El Toro

Si Aries es un fanático de los desafíos y disfruta de la prisa de involucrarse en uno nuevo, Tauro es la persona que se enfoca en las recompensas que el desafío podría traer. Si usted es un Tauro, es probable que sea una persona diligente y orientada a objetivos, que se concentra fuertemente en disfrutar de la vida tanto como sea posible. Con un rango de nacimiento entre el 20 de abril y el 20 de mayo, Tauro es el segundo signo del zodíaco, y está asociado con la segunda casa. Representado por la constelación del toro, el signo de Tauro está regido por Venus, su elemento es la tierra y su modalidad es fija.

Las características propias de los Tauro incluyen inteligencia, diligencia, dedicación, terquedad, confiabilidad y ética de trabajo. La modalidad fija de Tauro bendice a los nacidos bajo el signo con una estabilidad que puede manifestarse de muchas formas, variando de una persona a otra. Tauro es el primero de cuatro signos fijos, todos los cuales ocupan un lugar en el medio de cada una de las cuatro estaciones. El elemento tierra del signo, siendo el más sólido y firme de los cuatro, es lo que infunde a Tauro con cosas como paciencia, confiabilidad y consistencia.

El domicilio de Venus de Tauro influye en la inclinación de Tauro hacia la acumulación y la creación de todas aquellas cosas que le agradan. La segunda casa, también conocida como la casa del valor o la casa de la seguridad y la riqueza, tiene mucho que ver con las prioridades que los Tauro se proponen en la vida. Tauro puede sufrir una influencia perjudicial si Marte entra en el signo, particularmente al llevar algunos de los rasgos de Tauro a un extremo dañino. Por lo tanto, la estabilidad de Tauro puede convertirse en demasiada tolerancia y eventualmente hacerlos complacientes. Esto puede afectar tanto su interacción con las personas como su perspectiva de la vida, afectando aspectos como la motivación, la franqueza y la voluntad de abordar los problemas.

Rasgos de Personalidad

Tauro es típicamente la persona que sabe cómo vivir una buena vida, por así decirlo. Estas son personas que tienen un gran aprecio por todas esas cosas buenas de la vida que hacen que nuestra existencia sea más cómoda. Los placeres físicos, los bienes materiales, la comodidad general y la satisfacción de su gusto sofisticado son solo algunas de las cosas que las personas nacidas bajo el signo de Tauro buscarán en sus vidas. En pocas palabras, la recompensa es una de las cosas más importantes para un Tauro.

Eso no quiere decir que Tauro espere que las recompensas y los placeres de la vida lleguen por sí solo, todo lo contrario. Si usted es Tauro, probablemente trabaje muy duro. Las personas nacidas bajo este signo no son reacias a trabajar, y son muy meticulosos, prácticos y dedicados a sus obligaciones. Otro rasgo común que se encuentra en las personas Tauro es que tienen los pies en la tierra. Esto significa que es difícil para ellos dejarse llevar y perderse en fantasías o ideales poco realistas. Por lo tanto, un Tauro se centra en el aquí y ahora y en hacer el trabajo.

La estabilidad en sus múltiples manifestaciones es una parte importante del carácter de Tauro. A veces llamado el "ancla del zodíaco", los toros tienden a ser consistentes y confiables. La honestidad es otro rasgo positivo que la mayoría de los Tauro tienen, pero que también esperan de los demás.

En cuanto a los rasgos negativos, un Tauro puede salir mal cuando algunos rasgos que de otro modo podrían verse como virtudes llegan al extremo. Como tal, se sabe que los Tauro son muy tercos. Algunos son propensos a comportamientos obsesivos cuando su compromiso y dedicación abandonan el ámbito de la racionalidad. Por supuesto, su amor por el placer y la comodidad es otra cosa que puede terminar bastante mal si va demasiado lejos, particularmente cuando se convierte en la codicia del hedonismo desenfrenado.

Compatibilidad

La compatibilidad de Tauro es mejor cuando tratan con signos de tierra y agua. Los signos de agua complementan a los Tauro con una sofisticación emocional y una dosis saludable de vulnerabilidad, lo que se traduce en apertura cuando está dentro de lo razonable. En una relación entre Tauro y Cáncer, por ejemplo, la personalidad protectora de Cáncer será muy saludable para el Tauro. Por otro lado, Cáncer apreciará la confiabilidad y el apoyo de tauro. Con Piscis, la vida del Tauro se enriquecerá con la espiritualidad y la filosofía, elevando la conciencia general del toro. Con esta influencia, los Tauro pueden salir de su zona de confort de formas nuevas y altamente productivas. A cambio, el toro proporcionará a Piscis una base para evitar que pierda de vista la realidad cuando se adentra en su abstracción. Tauro también puede disfrutar de una relación romántica muy satisfactoria con Escorpio, especialmente en lo que respecta a la sexualidad.

Con los signos de tierra, los Tauro se llevarán muy bien con otras personas bajo los mismos signos. Su mayor acuerdo tendrá que ver con el estilo de vida y el disfrute de las comodidades mundanas. Virgo es otro signo con el que Tauro puede tener una gran y muy complementaria relación. El indulgente Tauro se beneficiará de los consejos saludables de Virgo, mientras que la filosofía de vida del toro puede contagiarse a Virgo y aliviar algunas de las ansiedades de este signo. El constructivo y autoritario Capricornio está materialmente orientado, al igual que Tauro. Estos signos trabajarán bien juntos hacia un objetivo material común, pero ambos signos también son bastante sensuales, por lo que hay mucho potencial en la intimidad.

Los Tauro pueden disfrutar de la naturaleza energética de los signos de fuego por un tiempo, pero eventualmente se cansarán de la volatilidad y la inestabilidad que estos signos podrían traer a la vida. La impaciencia de Aries, el anhelo de cambios frecuentes de Sagitario y la terquedad de Leo a menudo pueden ser demasiado para el estable y arraigado Tauro.

Del mismo modo, los signos de aire pueden resultar demasiado rápidos e inquietos para el toro. El metódico Tauro aprecia la consistencia y el orden, que es poco probable que obtenga del a menudo agitado Géminis. Debido a que Venus los rige a ambos, Tauro y Libra compartirán ciertos intereses. La propensión de Libra a la espontaneidad, pero es una diferencia fundamental entre los dos. Acuario es otro signo con el que los Tauro pueden llevarse bien. Probablemente no lo harán a largo plazo, principalmente debido a un conflicto entre sus sistemas de valores.

Amor

Dado que el planeta regente de Tauro, Venus, también es la diosa del amor, a este signo del zodíaco le va bien en las relaciones románticas. Entre otras cosas, esta influencia hace que la gente de Tauro sea romántica, o al menos aprecia el romance. Sin embargo, la habilidad de Tauro para relacionarse es mucho más que una propensión a los momentos románticos. Otro gran contribuyente a su éxito en este campo es su honestidad.

Los toros también son meticulosos y diligentes en el amor, como en todos los demás, y esto se aplica no solo para mantener sus relaciones, sino también para iniciarlas. A diferencia de Aries, un Tauro nunca permitirá que la emoción se apodere de él y lo haga apresurarse ciegamente en cualquier cosa, y menos en una relación romántica. Incluso en cuestiones de amor, los Tauro tienden a mantener su racionalidad y ser la voz de la razón. Cuando un Tauro no ve el potencial en una propuesta de relación, actuará sobre esa preocupación. Esto a menudo parecerá frío, pero a la larga puede ahorrarle muchos problemas tanto al Tauro como a la otra persona.

Incluso después de entablar una relación, los Tauro seguirán usando los frenos y se tomarán las cosas con calma. Si se encuentra en una relación con un Tauro, y él o ella le parece distante al principio, es importante tener en cuenta que simplemente se toma un tiempo para abrirse y consolidar la conexión. Una vez que lo hagan, descubrirá que la honestidad, la lealtad y el compromiso de un Tauro lo convertirán en una pareja confiable y cariñosa que entablará relaciones a largo plazo. A diferencia de otros signos como Aries, que tienden a inquietarse permaneciendo en un lugar durante demasiado tiempo, un Tauro apreciará su relación.

El toro se sentirá satisfecho al trabajar para convertir esa relación en algo aún más fuerte. El único problema es que, a veces, los Tauro pueden ser víctimas del perfeccionismo y establecer expectativas poco realistas no solo para su pareja, sino para las relaciones humanas en general.

Otras Relaciones

La fiabilidad, estabilidad y la confiabilidad de Tauro son cualidades que los convierten en excelentes amigos. Por lo general, se toman un tiempo para sentirse cómodos y personales con alguien nuevo, pero una vez que se establece una conexión y una confianza significativas, el Tauro se abrirá y demostrará el verdadero significado de la amistad y la lealtad. Tauro será el amigo que no tendrá que pasar el rato contigo todas las noches, pero si lo llama para pedirle ayuda urgente, su amigo Tauro estará allí a las 3 de la mañana, si es necesario.

La naturaleza honesta y bien intencionada de Tauro hace que su amistad sea valiosa de una manera que no podrá obtener de otras personas, sin importar lo divertidas que sean. Tauro no le mentirá para hacerle sentir cómodo, por ejemplo. En cambio, le dará sus opiniones y consejos honestos, todo lo cual le ayudará a crecer como persona.

Muchas de las virtudes de Tauro ciertamente serán valiosas en las relaciones laborales, especialmente la confiabilidad, honestidad y estabilidad. Tauro es la última persona que se involucra en un drama pequeño de oficina, habla a sus espaldas o se molesta con otros asuntos. Tauro estará muy ocupado concentrándose en su trabajo y asegurándose de estar haciendo bien el trabajo. Por lo tanto, Tauro es la persona a quien acudir en busca de consejos, orientación y para encomendar complejos e importantes proyectos.

Las personas que valoran la diligencia, el trabajo duro y una actitud sensata no tendrán problemas con un compañero de trabajo Tauro, aunque prefieran trabajar de forma independiente. Si un equipo es cohesionado, bien organizado y funciona como un reloj, Tauro ciertamente no tendrá problemas para integrarse. Dado que a Tauro le encanta relajarse después de un duro día de trabajo y se entrega a las comodidades mundanas, también estará más que dispuesto a participar en momentos divertidos con sus colegas.

Trabajo

El Tauro metódico está en su mejor momento cuando se le asigna un gran proyecto que requiere dedicación, planificación y enfoque a largo plazo. Los Tauro disfrutarán construyendo, tanto física como mentalmente, pero generalmente disfrutan de los trabajos que requieren un enfoque más práctico. Los Tauro tampoco rehuyen de la rutina, al menos hasta cierto punto. En lo que prosperan es en la estructura y la consistencia que una rutina puede proporcionar, pero si está en el trabajo equivocado, al toro le resultará difícil entusiasmarse con su trabajo.

A Tauro probablemente le irá mal en un entorno de trabajo que Aries disfrutará. Los Tauro prefieren tener el menor caos y distracciones posibles en su espacio de trabajo. Si tiene un trabajo que requiere un enfoque largo, minucioso y concentrado, dele ese trabajo a Tauro. Recuerde que Tauro también disfruta con las recompensas, por lo que cuanto más largo y difícil sea un trabajo, más disfrutará de la recompensa al final. El trabajo o la sensación de haberlo hecho puede ser una recompensa en sí misma para Tauro. Los Tauro generalmente disfrutan de trabajos que les exigen cuidar de los demás porque son personas estables que brindan apoyo a los necesitados.

Debido a su amor por los ambientes tranquilos y su naturaleza terrenal, los Tauro también disfrutan trabajar en ambientes naturales al aire libre. La jardinería, la agricultura y la ganadería son otros trabajos y estilos de vida que los Tauro disfrutan inmensamente. Los oficios como la carpintería también son prácticamente perfectos para los Tauro porque les permiten trabajar con las manos, tomarse su tiempo y concentrarse en su trabajo en la tranquila comodidad de su cobertizo de trabajo.

Llevarse Bien con un Tauro

Llevarse bien con un Tauro gira en gran medida en torno a saber cómo abordarlo y acercarse a él. Si nació bajo uno de los otros signos, puede parecer difícil identificarse con un Tauro, pero eso es solo porque tienen un filtro estricto que determina quién está y no está permitido en su vida, pero con un poco de esfuerzo, no será demasiado difícil aprender que es una persona normal y con la que es posible relacionarse.

Un buen lugar para comenzar es encontrar puntos en común, y la mejor manera de hacerlo con un Tauro es recordar que son personas que trabajan y se divierten mucho. Participar en el mismo proyecto de trabajo o compartir intereses profesionales son buenas formas de vincularse con un Tauro. También tiende a vincularse bien con quienes lo acompañan a la hora de pasar un buen rato y relajarse. Dado que los Tauro otorgan tanta importancia al disfrute y al placer, por lo general forman recuerdos fuertes y agradables de tales experiencias. Encontrar el camino hacia esos recuerdos es una excelente manera de acercarse al corazón de un Tauro.

Los Tauro también utilizan a veces su propio sistema de investigación para determinar a quién se le debe permitir ingresar en sus vidas y a quién no. Muchos de esos Tauro harán esto sin siquiera pensar en ello, ya que les resulta natural, pero otros tendrán un intrincado sistema de preguntas y pequeñas pruebas sutiles que utilizan a sabiendas cada vez que conocen a alguien nuevo. La mayoría de las personas ni siquiera se darán cuenta que están siendo probadas y evaluadas, pero el toro recogerá información importante que le permitirá determinar si usted está a la altura de los estándares que espera de las personas que buscan en convertirse en sus amigos o en algo más.

Una vez que establece una relación con un Tauro, debe recordar que pueden ser tercos. Si un Tauro cree tener razón en algo, simplemente no cambiará su tono para que su amigo o pareja se sienta más cómodo. Sin una fuerte argumentación, la mente de un Tauro difícilmente puede cambiarse.

Capítulo Tres: Géminis – Los Gemelos

El símbolo astrológico del tercer símbolo, los gemelos, es apropiado porque insinúa la naturaleza de Géminis, que puede parecer dual para otras personas. A veces, esa naturaleza puede parecer incluso más complicada que solo dual porque Géminis puede ser la gente más incomprensible que existe, particularmente desde la perspectiva de otros signos. Esto se debe a que, con los rasgos, Géminis tiene el rango más amplio y variable. De todos los signos del zodíaco, Géminis es el más difícil de definir debido a una frecuente falta de ese rasgo definitivo que suelen tener los otros signos. Mientras normalmente puede distinguir a un Aries por sus habilidades de liderazgo, un Géminis puede ser una gran sorpresa.

La fecha de Géminis cae entre el 21 de mayo y el 21 de junio y está regido por Mercurio. Géminis está asociado con la tercera casa y es un signo de aire de modalidad mutable. La asociación del signo con la tercera casa es lo que condiciona la naturaleza intelectual y curiosa de Géminis cuando esta se manifiesta.

Ser el primero de los signos mutables es lo que hace que Géminis sea adaptable y propenso a cambiar, como corresponde a un signo que ocupa un tiempo de transición entre la primavera y el verano. Así como la naturaleza se esfuerza incansablemente por florecer y alcanzar su estado máximo durante este tiempo, Géminis busca el cambio y la novedad. La naturaleza de Géminis también se refleja en su elemento aire, que fluye, es activo y difícil de definir. Como el aire, Géminis quiere estar en todas partes y experimentar todo a la vez, si tan solo pudiera. El planeta regente de Géminis también se asemeja a la naturaleza de los gemelos, siendo muy rápido y retrógrado con más frecuencia que cualquier otro planeta del sistema solar. Como tal, Mercurio en Géminis tiene mucho que ver con la inquietud, la curiosidad, la rápida absorción de nueva información y el ingenio del signo.

Rasgos de Personalidad

Como acaba de leer, Géminis puede ser bastante cambiante por naturaleza. Aun así, es posible delinear algunas fortalezas y debilidades de Géminis, que a menudo se aplicarán a los géminis con los que se pueda encontrar. En general, los rasgos más comunes de Géminis incluyen adaptabilidad, apertura e inteligencia, pero a veces también indecisión, falta de fiabilidad e impulsividad. La curiosidad puede llevar a un Géminis por el camino de volverse demasiado entrometido. Su curiosidad puede combinarse con la falta de fiabilidad y la inclinación por el chisme, lo que hace que Géminis no sea muy bueno para confiarle cosas. Esto se debe a que a muchos Géminis les encanta compartir la información que han reunido en su eterna búsqueda para ser tan inteligentes como sea posible. A muchos simplemente les encanta hablar y disfrutar de la atención que pueden recibir de esta manera, por lo que tratan de recopilar la información más interesante posible.

Una de las mayores fortalezas de Géminis es a menudo su adaptabilidad. Los Géminis adaptables disfrutan de probar cosas nuevas y emprender aventuras. Su ocasional falta de fiabilidad puede compensarse de alguna manera por su capacidad para adaptarse a todos los cambios en los planes. Si debe cambiar de planes repentinamente, su amigo Géminis probablemente no tendrá problemas para acomodar algunas cosas y adaptarse al nuevo programa. Como tal, un Géminis puede ser muy tranquilo, relajado, agradable y, sobre todo, divertido.

La falta de fiabilidad que a veces exhiben generalmente se debe a su incapacidad para comprometerse con las cosas. Su capacidad de adaptarse a los cambios de planes a menudo significa que con frecuencia cancelarán cosas. Esto puede ser un gran problema entre usted y un amigo Géminis si le gustan los horarios estrictos inamovibles. Este miedo al compromiso también puede hacer que sea difícil para Géminis hacer sus tareas y cumplirlas antes de cambiar su enfoque hacia otra cosa. Esto es una forma de impulsividad que difiere de la de Aries, pero puede conducir a muchos de los mismos resultados problemáticos, incluidas compras precipitadas, situaciones peligrosas y otros escenarios desafortunados.

Compatibilidad

Así como el aire alimenta el fuego, Géminis encontrará formas de tener un vínculo significativo con muchos signos de fuego. Estas relaciones y vínculos tienden a ser complementarios, basándose en la comprensión y la realización mutua. Al ser impulsivo y enérgico, un Aries comprenderá mucho la naturaleza inquieta de Géminis. Leo y Sagitario, los otros dos signos de fuego, a veces pueden ser muy compatibles con Géminis, pero puede requerir algo de trabajo.

Géminis es altamente compatible con los signos de aire, especialmente Libra. Libra tiene una forma de introducir equilibrio en la vida de un Géminis. Él o ella también reforzará la propia sociabilidad de Géminis, lo que puede hacer la vida muy satisfactoria para Géminis debido al placer que obtendrá al conocer gente nueva y conocer nueva información. Además, el amor de Géminis por la conversación es otro factor que los hace encajar tan bien con el sociable Libra. Géminis también se lleva bien con Acuario, especialmente en las conversaciones y el intercambio de conceptos, ya que ambos signos gozan la estimulación intelectual. Las cosas también se pueden poner bastante interesantes cuando un Géminis se encuentra con otro Géminis, particularmente cuando ambos exhiben rasgos como la curiosidad.

Entre los signos de agua, los tres podrían funcionar con un Géminis, pero todos poseen ciertos rasgos que podrían convertirse fácilmente en una fuente de problemas. Por ejemplo, los Cáncer podrían estar en desacuerdo con un Géminis en el matrimonio debido a la propensión de este último de prestar menos atención a su hogar y, en cambio, buscar socialización exterior. Piscis tiene con demasiada frecuencia una naturaleza bastante privada, lo que fácilmente puede chocar con la actitud sociable de Géminis. La sociabilidad de Géminis también tiene el potencial de provocar la inclinación de Escorpio por los celos.

Con los signos de tierra, Géminis tiende a tener muchas dificultades para relacionarse con ellos, pero si se alinean suficientes estrellas de la suerte, y se hace el esfuerzo suficiente, Capricornio, Tauro y Virgo pueden funcionar como una gran fuerza estabilizadora en la hiperactiva y agitada vida de un Géminis.

Amor

Suponga que está tratando de entablar una relación con un Géminis. En ese caso, debe saber que son curiosos, muy activos, aventureros y convertirán cada relación en una montaña rusa. Debido a su naturaleza variable y cambiante, Géminis también puede ser muy impredecible, dando lugar a muchos giros y vueltas al principio e incluso más tarde en una relación. Por supuesto, esto puede ser divertido y emocionante, pero también puede ser un problema si las sorpresas que se le presentan resultan ser malas. La disposición de géminis para probar cosas nuevas y experimentar generalmente los convierte en muy buenos amantes, lo que jugará un papel importante en sus relaciones románticas.

Sin embargo, al igual que en las otras áreas de la vida, los problemas comenzarán si Géminis cede a la indecisión y al miedo al compromiso. Por lo tanto, es importante andar con cuidado al entablar una relación con un Géminis. Puede que le resulte difícil porque tienden a ser muy sentimentales durante la fase de luna de miel, pero podría terminar con el corazón roto si no tiene cuidado. Una semana podría encontrarse teniendo el mejor momento de su vida, pero luego, de repente, su mundo se derrumba a la semana siguiente.

Para evitar sorpresas, debe ser directo y comunicarse lo más posible con su pareja Géminis. Su inquietud y emoción pueden hacer que sea difícil para usted saber qué lugar ocupa con los gemelos, por lo que es posible que deba descubrirlo por sí mismo simplemente planteando el problema. La apertura, la sinceridad y la capacidad de mantenerse al día intelectualmente y la naturaleza amante de la diversión son los cuatro mejores ingredientes para una relación larga y duradera con Géminis. Sin embargo, si prefiere quedarse en casa y no es muy espontáneo, probablemente dicha relación no va a durar mucho tiempo. Los gemelos pueden pasar tiempo buscando a esa persona especial que pueda seguir su ritmo, pero una vez que la encuentran, revelarán su naturaleza comprometida, fiel y profundamente amorosa.

Otras Relaciones

En la amistad, Géminis se adhiere a bastantes de los mismos principios que en el amor. Requieren honestidad, comunicación y la capacidad de mantener el ritmo. Debido a su sociabilidad y ansias de comunicación, Géminis necesita mantenerse en contacto con sus amigos y pasar tiempo con ellos regularmente. Para Géminis, nunca se han pronunciado palabras más ciertas que "fuera de vista y fuera de la mente". Es posible que Géminis tenga amigos a distancia, pero tendrán que comunicarse todo el tiempo y con sentido.

Los amigos de Géminis también tendrán que ser extrovertidos y amantes de la diversión. Sin embargo, simplemente amar la diversión puede ser suficiente, ya que Géminis no tendrá problemas para organizar eventos y planificar sus actividades. Desde una perspectiva no Géminis, los gemelos son algunas de las personas más divertidas que existen, por lo que las amistades con ellos serán muy memorables.

A pesar de su naturaleza extrovertida e inquieta, los Géminis tienen una devoción profunda y sincera por su familia, pero esa devoción a veces puede no llegar a materializarse a través de acciones significativas. Claro, Géminis ama a su familia más que a nada, pero eso no significa que siempre pondrán las responsabilidades familiares en primer lugar. No es el mejor miembro de la familia para pedirle que cuide a su perro o que lo lleve a pasear. En cambio, es probable que Géminis prefiera dejar eso en sus manos y salir.

Como puede ver, la naturaleza y actitud de Géminis lo hace muy adecuado para muchos entornos laborales, pero la indecisión e inquietud potenciales de Géminis pueden ser fuentes de molestia para compañeros de trabajo y supervisores. Cuando se desequilibran, Géminis siempre querrá saltar de un proyecto al siguiente, dejando muchas cosas a medias. Por lo tanto, forman una gran pareja o equipo con personas que pueden proporcionar un contrapeso y mantener la inquietud de los gemelos a raya.

Trabajo

Para Géminis, el trabajo satisfactorio tiene que ver con la estimulación mental, que los mantiene ocupados y concentrados. De lo contrario, Géminis puede verse superado por su inquietud innata y su nivel de concentración puede verse afectado. A Géminis le encanta satisfacer su curiosidad, por supuesto, por lo que disfrutarán de todo tipo de análisis. Otro aspecto crucial de la naturaleza de Géminis a considerar para determinar su trabajo perfecto es la sociabilidad del signo. La inteligencia de Géminis y la facilidad con la que se comunican los hará adecuados para la mayoría de los trabajos en el entorno empresarial actual y más allá, pero eso no significa que disfrutarán de todos esos puestos.

Los trabajos que giran en torno a la enseñanza y la comunicación tienden a ser muy agradables para Géminis. También disfrutarán trabajando en algo que los obligue a mejorar la comunicación entre los demás, como por ejemplo, resolviendo sus disputas. Sin embargo, la inquietud y sed de cambio de Géminis y el movimiento constante, físico o figurativo, no deben subestimarse. Si un trabajo se vuelve monótono y deja de estimular el intelecto de Géminis, querrán cambiarse rápidamente.

El amor de Géminis por la comunicación va más allá de simplemente conversar con la gente. Muchos Géminis disfrutarán trabajando como traductores, lo que puede implicar asistencia directa o indirecta para la comprensión de otras personas. La mayoría de las cosas relacionadas con los idiomas y la lingüística mantendrán ocupada la mente de Géminis y garantizarán que serán productivos y estarán satisfechos.

Por consiguiente, Géminis a menudo verá un trabajo satisfactorio en todo tipo de escritura. Es probable que Géminis disfrute escribir obras de teatro, novelas, artículos o libros técnicos, o lo que sea. Incluso encontrarán estimulantes la edición, revisión y otros trabajos relacionados con la escritura. Debido a estas inclinaciones, es común que Géminis termine publicando, siendo dueño o al menos trabajando en una librería. Géminis en general es muy bueno haciendo múltiples tareas, por lo que su búsqueda de estimulación mental y trabajo acelerado puede llevarlo por muchos caminos. A veces, Géminis no estará satisfecho con elegir un solo camino y, en cambio, convertirá toda su vida en un gran ejercicio de multitarea.

Llevarse Bien con un Géminis

Las cosas que hemos discutido sobre la naturaleza de Géminis ya deberían haberle dado algunas ideas sobre cómo llevarse bien con Géminis o al menos cómo mantener una relación ya existente. Una excelente manera de adentrarse en el mundo de Géminis es compartiendo momentos divertidos con él, lo que puede suceder por casualidad o por iniciativa suya.

Si está programando una cita o tratando de comenzar una relación con un Géminis, sea espontáneo y misterioso. El Géminis buscador de diversión disfrutará las sorpresas, por lo que siempre puede mantener ocultos los detalles de una cita. Incluso si técnicamente no es el lugar o la actividad más emocionante del mundo, es probable que Géminis encuentre la cita más emocionante debido al misterio. Asegurarse de que sea una actividad con la que usted se divertirá es igual de importante porque Géminis sentirá la sensación de aburrimiento si usted no se está divirtiendo.

Otro enfoque es la ruta intelectual. Si es bastante inteligente, esto vendrá de forma natural, pero comenzar una conversación profunda sobre una pintura o un tema filosófico puede ser suficiente. La diversión y el nivel intelectual son las dos principales estrategias para acercarse a un Géminis. Para llevarse bien a medida que avanza el tiempo, debe prepararse para lidiar con las peculiaridades que hemos discutido. Si Géminis no se adhiere al plan acordado o incluso si lo deja plantado, trate de no tomárselo a pecho. Si sucede una vez y va seguido de una disculpa sincera, puede estar seguro de que fue por la naturaleza inquieta de Géminis y no tiene nada que ver con usted. Sin embargo, si sucede más de una vez, entonces debe reconsiderar la relación.

Capítulo Cuatro: Cáncer – El Cangrejo

Cáncer, también conocido por su símbolo astrológico como el cangrejo, quizás puede describirse de mejor manera como el amo de casa. Mientras a otros signos como Aries y Géminis a menudo les resulta difícil permanecer en un lugar y concentrarse en las cosas a largo plazo, el cangrejo es la persona a la que le gusta echar raíces. Cáncer es un signo de agua con una modalidad cardinal, y es regido por la luna mientras que está asociado a la cuarta casa. El período del cangrejo va desde el 21 de junio al 22 de julio, lo que significa que corresponde al inicio del solsticio de verano en el hemisferio norte de la Tierra. La relevancia de esta estación está en la copiosa energía que Cáncer puede absorber debido a la abundancia de luz solar y otros recursos que sustentan la vida. Esta influencia funciona al unísono con la modalidad cardinal de Cáncer, y el hecho de que el rango de fechas del signo comienza con una nueva estación.

Cáncer tiene lo que podría describirse como una relación exclusiva con la luna. Gran parte de la naturaleza de nuestra luna puede interpretarse como un símbolo de los rasgos clave de Cáncer. Incluso hoy en día, la luna es vista como una guía en muchas culturas porque ilumina nuestro camino por la noche. Así como una madre cariñosa a menudo descompone la comida para dejarla en un estado más adecuado para un niño, nuestra luna nos transmite los poderosos rayos del sol. Debido a sus muchas cicatrices en forma de cráteres, la luna se ha considerado con frecuencia como un escudo o protector de nuestro planeta. Esta influencia les da a los Cáncer fuertes instintos paternales, un impulso protector y una naturaleza profundamente enriquecedora. El planeta exaltado de Cáncer es Júpiter, que infunde a este signo cualidades como la mentoría. Como un signo generalmente protector y materno, Cáncer puede beneficiarse enormemente de una ubicación adecuada de Júpiter al nacer.

Rasgos de Personalidad

Como acabamos de mencionar, los Cáncer están orientados al hogar, son maternales y protectores. El estado natural y más cómodo para Cáncer es tener raíces firmes en la tierra y estar atado por una gran cantidad de responsabilidades hacia los seres queridos. Los Cáncer disfrutan ser parte de familias numerosas, incluida la familia extendida y su propia familia inmediata. Son pocas las cosas en la vida por las que el cangrejo se preocupará más que por establecer y fomentar la armonía en el hogar.

La cuarta casa es la casa del hogar, y la familia influye mucho en los Cáncer. A menudo también encontrará algunos Cáncer que mantienen los valores tradicionales y dan mucha importancia a la continuidad histórica. El Cáncer es la persona que se preocupa por su historia familiar y hace todo lo posible por apreciar estos recuerdos. Tampoco es raro que los Cáncer proyecten esa actitud más allá de su familia. Esto significa que generalmente están orientados a la comunidad y disfrutarán participando y contribuyendo a la comunidad en general, aunque la familia tiene prioridad sobre todo lo demás. Además, el cangrejo a menudo es patriota y tiene un sentimiento muy fuerte de pertenencia a la comunidad y de servir al bien común. Los Cáncer también tienen una memoria larga y fuerte y no temen mostrar su lado emocional.

Como suele ser el caso, cuando las fortalezas fallan o se llevan al extremo, pueden convertirse en debilidades. Con los Cáncer, un problema que podría surgir es un apego extremo a cosas como pertenencias. Esto sucede cuando los instintos hogareños de un Cáncer van demasiado lejos, y se obsesionan con lo que están construyendo en casa. Los Cáncer también pueden volverse demasiado necesitados y proyectar ese estado de ánimo en los demás, sobreestimando cuánto los necesitan los demás. Debido a su larga memoria y naturaleza potencialmente obsesiva, los Cáncer son notoriamente propensos a guardar rencor. En general, los Cáncer también son propensos a todo tipo de vulnerabilidades emocionales como la timidez e incluso la reclusión. Por lo tanto, funcionan mejor cuando tienen al menos una o dos personas activas y extrovertidas en sus vidas, porque estas personas pueden ser las ventanas del cangrejo al mundo, por así decirlo.

Compatibilidad

Los Cáncer funcionan mejor con otros signos de agua y tonos de tierra. Con otros signos de agua, los Cáncer disfrutan de un entendimiento especial en un nivel más allá de la conversación. Esto se debe a que otros signos de agua poseerán las mismas vulnerabilidades y profundidad emocional o al menos comprenderán estos rasgos del cangrejo. Dos Cáncer suelen ser una buena combinación en la mayoría de los tipos de relaciones, incluido el romance y el matrimonio, donde pueden trabajar juntos para construir un hogar maravilloso.

En cuanto a Piscis y Escorpio, ambos son altamente compatibles con los Cáncer, a menudo en una forma complementaria. Esto significa que usualmente tienen ciertos rasgos positivos que los Cáncer no tienen, que pueden ser muy beneficiosos en sus vidas. Piscis puede introducir a un Cáncer a la espiritualidad y la filosofía en relaciones cercanas o románticas, mientras que Escorpio puede hacerlos más apasionados de manera sexual y en otros ámbitos.

Debido a la gran compatibilidad entre la práctica tierra y el emotivo agua, los Cáncer se llevan bien con signos de tierra. Las relaciones de Cáncer con Capricornio son un gran ejemplo de la atracción de los opuestos. Siendo el polo opuesto del cangrejo, Capricornio puede beneficiarse enormemente de la naturaleza cariñosa y protectora de un Cáncer. Pero la fuerte dedicación de Capricornio a su trabajo puede funcionar bien con las habilidades hogareñas de un Cáncer para crear una estructura familiar muy fuerte. Cuando se emparejan en una relación como esta, el cielo es el límite.

Los Cáncer también se llevan bien con los Tauro debido a la naturaleza fiable y confiable de estos últimos, que el cangrejo constructor de hogares apreciará mucho. Virgo también puede tener una influencia muy positiva en la vida de Cáncer, especialmente en lo que respecta a la estructura y el esfuerzo conjunto.

Los altamente dinámicos y cambiantes signos de aire pueden infundir la vida de Cáncer con un nivel de emoción y frescura que los Cáncer a menudo querrán o al menos pensarán que quieren. Sin embargo, una vez que la relación se vuelve íntima y más seria, esto puede ser exactamente lo que molesta a los Cáncer. Los signos de fuego son quizás la peor combinación para los Cáncer, con las diferencias más fundamentales en lo que respecta al estilo de vida y las prioridades.

Amor

Al ser un signo orientado al hogar, con fuertes instintos protectores y maternos, no es de sorprenderse que los Cáncer se encuentren entre las parejas más devotas y leales en el amor. Emocionalmente y en todos los otros aspectos que importan, Cáncer será una pareja muy generosa que seguirá dando. Esto puede hacer que los Cáncer sean vulnerables, pero si están equilibrados, la mayoría de los Cáncer se asegurarán de no olvidarse a sí mismos y de sus propias necesidades. Cáncer generalmente esperará la misma devoción y respeto que le da. Otra cosa con la que puede contar de Cáncer es la honestidad y la franqueza. Estas personas le dirán claramente a su pareja cuando algo los esté molestando.

Los Cáncer quieren estabilidad en su relación, y se beneficiarán de tener una pareja confiable con la que puedan contar. Los Cáncer pueden llevarse bien con los signos sociables, ya que pueden dividir las responsabilidades entre el hogar y el trabajo y formar un excelente equipo. Sin embargo, a los Cáncer aún les gusta una cierta independencia, a pesar de su compromiso con el hogar. Con la mayoría de los Cáncer, esta necesidad de independencia se satisface con un descanso ocasional que les permite tomarse un tiempo para sí mismos. Es posible que les guste pasar este tiempo en su estudio, trabajando en una obra de arte o leyendo algo. De esa manera recargarán sus baterías y volverán, prestando completa atención a su pareja.

Uno de los mayores problemas con los Cáncer en el amor es su falta de voluntad para dejar ir. Cuando Cáncer invierte tiempo y esfuerzo emocional en una relación, pueden volverse tan apegados a ella y tan poco dispuestos a abandonarla que a menudo permanecerán en una relación, incluso si se vuelve tóxica.

Otras Relaciones

Los Cáncer son personas que recibirían una bala por sus seres queridos sin dudarlo. Los Cáncer disfrutan pasar tiempo de calidad con su familia y nunca perderán la oportunidad de ver una película o tener una noche de juegos con sus seres queridos. Esto demuestra que no solo es una cuestión de deber o de realizar algún trabajo, todo lo contrario. Puede ser un deber proteger a la familia, pero es una bendición que el cangrejo realmente disfruta.

Lo lamentable es que incluso el Cáncer más devoto y leal puede caer en los extremos que hemos mencionado, sin darse cuenta. Algunos Cáncer son propensos a cambios de humor o episodios melancólicos, los cuales pueden causar mucha frustración a los miembros de su familia. Por eso es importante que Cáncer comprenda que los miembros de su familia tienen sus propias necesidades de pasar tiempo a solas. Esta simple verdad puede ser difícil de aceptar para algunos Cáncer cuando se rinden ante la necesidad.

En términos de amistad, los Cáncer pueden ser muy sociables, pero los elegidos generalmente serán un grupo selecto y limitado de personas. Los Cáncer no ven el valor de mantener una red extensa de conocidos y amistades superficiales, por lo que preferirán formar un grupo pequeño pero muy cohesionado con el que puedan ser abiertos y naturales. Los amigos del cangrejo deberían sentirse un poco especiales por superar los muchos filtros de Cáncer y acercarse lo suficiente para entrar en su círculo íntimo.

Los Cáncer mantendrán la lealtad y la devoción incluso después de que la muerte haya dicho lo suyo. Estas personas son nostálgicas, tradicionalistas y muy dedicadas a preservar los recuerdos. Los viejos álbumes familiares y otras cosas que mantienen vivos los recuerdos son importantes para los Cáncer, y los conservarán con sumo cuidado.

Trabajo

La voluntad de Cáncer de cuidar a los demás y los instintos maternos del signo los hacen perfectos para muchos trabajos que implican cuidar a los necesitados, de cualquier forma. Aun así, cuidar a otras personas también es parte integrante de algunos trabajos dinámicos y muy intensos, en cuyo caso Cáncer no estará emocionado. A los Cáncer les gusta dispensar su atención de una manera y en un entorno que les permita brindar a las personas una atención completa, como en la terapia.

No es que los Cáncer no puedan funcionar bajo presión, todo lo contrario, pero sus instintos constructores de hogares y anidación los hace más adecuados para trabajos en entornos hogareños, por así decirlo. Por estas razones, los Cáncer a menudo se encuentran en muchas áreas del sistema de salud. Si bien disfrutan de trabajos de ritmo más lento, los Cáncer estarán atentos y no son propensos al pánico, por lo que pueden desempeñarse bastante bien en trabajos de atención médica lentos la mayor parte del tiempo, pero con el potencial de volverse agitados de vez en cuando, como la enfermería.

Como puede adivinar, a los Cáncer les encanta trabajar desde casa, y muchos harán todo lo posible por conseguir un trabajo que les permita hacer esto. Idealmente, dirigirán su propio negocio, especialmente uno conectado o físicamente adyacente a su hogar. Además de eso, los Cáncer pueden disfrutar administrando lugares que brindan un hogar o refugio temporal, como hoteles, moteles, refugios varios, etc. Como tal, los Cáncer extenderán su impulso natural de acomodar a otros más allá de su familia sin dejar de estar orientados al hogar.

Los Cáncer a menudo se encuentran trabajando como cocineros o en alguna otra área relacionada con la preparación de alimentos. Los Cáncer generalmente disfrutan trabajar con niños. Pueden hacer esto como profesores, entrenadores o con varios trabajos en orfanatos. También es común para los Cáncer involucrarse en diversas formas de trabajo social.

Llevarse Bien con un Cáncer

Como puede deducir de lo que hemos discutido hasta ahora, puede ser difícil conectarse con un Cáncer. No les entusiasma conocer gente nueva y expandir su círculo de amigos o incluso conocidos, a diferencia de otros signos que viven para socializar. Cáncer establecerá contacto con personas ya sea si *deben* hacerlo por motivos laborales u otras circunstancias o porque realmente se sienten atraídos, lo que no sucede todos los días. Por supuesto, esto no quiere decir que no pueda hablar con los Cáncer, pero si está buscando llevarse bien con ellos y establecer una conexión más significativa, puede que tenga que hacer algo de trabajo.

Es más probable que los Cáncer se abran cuando se sientan cómodos en un entorno. La mejor manera de abordarlos es en condiciones controladas que impliquen reuniones pequeñas o en el propio territorio de Cáncer. Mientras menos personas haya alrededor y menos agitada sea la situación, más dispuestos estarán los Cáncer a abrirse a nuevas personas.

Una parte importante de llevarse bien con el cangrejo es comprender y tolerar su naturaleza. Comprenda que los Cáncer a veces pueden ponerse malhumorados y temperamentales, generalmente por razones que solo ellos conocen, por lo que usted debe ser la persona que no tomará esto a pecho. De hecho, los Cáncer pueden ser propensos a cambios de humor que ni siquiera ellos entienden, por lo que es mejor simplemente seguir adelante y hacer todo lo posible por ignorar la negatividad ocasional. Recuerde que los Cáncer requieren respeto y gratitud cuando los ganan. Son personas devotas que sacrificarán mucho por las personas que les importan, pero sin duda querrán ser reconocidas y apreciadas por sus esfuerzos. Es importante no dar por sentada su amistad con Cáncer o sus favores.

Capítulo Cinco: Leo – El León

Como el quinto signo del zodíaco y gobernantes de la quinta casa, los leones nacen entre el 23 de julio y el 22 de agosto. Este signo fijo de fuego está regido por el sol, lo que asegura copiosas reservas de energía, impulso, motivación y ambición, todos los cuales a menudo se contagiarán a quienes los rodean. Esto no es una sorpresa, ya que el período de Leo encapsula más o menos el apogeo del verano. Los Leo son personas que generalmente disfrutan ser el centro de atención, y siempre harán todo lo posible para causar la mejor impresión posible. Bajo su relación con el sol, los propios Leo son proverbialmente radiantes, al menos con su confianza y orgullo. La posición central del sol en nuestro sistema solar también es un símbolo de cómo leo a menudo está en el centro de atención, comunidad o familia.

Leo puede caer bajo la influencia perjudicial cuando Saturno entra en el signo. Saturno rige a Acuario, el opuesto de Leo, e influye en rasgos como la moderación y la sabiduría. Como tal, Saturno estará muy lejos de casa cuando entre en el orgulloso, extrovertido e inquieto Leo. Por lo tanto, las personas que nacen con Saturno en Leo deberán hacer un esfuerzo adicional cuando intentan encontrar el equilibrio en la vida. Para ellos, será especialmente importante aprender disciplina, que a veces puede llevarse demasiado lejos hacia una compensación excesiva. Cuando esto sucede, Leo puede volverse demasiado crítico de sí mismo o demasiado inhibido, lo cual es contrario a la verdadera naturaleza del signo.

Rasgos de Personalidad

Los Leo son asertivos y tienden a ser extrovertidos o al menos altamente capaces y dispuestos a interactuar con el mundo exterior. La modalidad fija de Leo significa que estas personas son capaces de una gran persistencia y terquedad, lo que los hace propensos a comprometerse con sus esfuerzos hasta que el trabajo esté terminado

En general, las características definitorias más positivas y pronunciadas de Leo son la confianza, el coraje y la audacia. Los Leo nunca parecen carecer de entusiasmo, no solo por lo que sea que estén haciendo en cada momento, sino también por la vida en general. Leo siempre puede llegar a su interior y encontrar seguridad en sí mismo donde otros podrían necesitar apoyo o tranquilidad de fuentes externas. No solo eso, sino que los Leo también suelen ser las personas que apoyan, tranquilizan y animan a los demás. Además de ser orgullosos y tener un fuerte sentido de autoestima, los Leo encuentran valor en los demás. Si tiene una virtud que está descuidando o un talento que no está desarrollando, un Leo se asegurará de señalarlo y le ayudará a aprovechar al máximo sus cualidades.

Los Leo también son personas generosas que son buenos líderes a su manera. Puede que Leo no sea la persona que organice un esfuerzo en equipo o que lidere el espectáculo completo, pero hará un excelente trabajo motivando y animando a todos en la sala. Lo que les falta en habilidades administrativas, los Leo lo compensarán con su capacidad para inspirar a una multitud.

La modalidad fija y el orgullo de Leo puede también llevar a resultados negativos. Algunos Leo pueden estar demasiado comprometidos con una determinada causa o idea, lo que puede hacer que la persigan incluso cuando la parte racional de su cerebro les dice que se detengan. Cuando agrega orgullo a esta ecuación, es fácil ver cómo los Leo pueden extraviarse, sin admitir nunca un error. Los Leo, con este defecto, pueden beneficiarse enormemente de aprender a ser mejores oyentes.

Por muy seguro que parezca ser, el león puede ser inseguro. Su amor por el centro de atención y los elogios que puede traer pueden convertirse en una dependencia de los cumplidos y una obsesión por las opiniones de otras personas. Los Leo rara vez mostrarán tal inseguridad, y quienes los rodean no se darán cuenta, pero sufrirán inmensamente si siguen este camino. Los Leo, con este problema, también pueden volverse bastante obsesivos y celosos en las relaciones románticas.

Compatibilidad

Los Leo naturalmente hacen una buena combinación con la mayoría de las personas que pertenecen a los signos de fuego y aire, mientras que es más probable que surjan problemas con los otros dos grupos. Al ser un signo de fuego, Leo es impulsado por la misma audacia, impulsividad y asertividad que Aries y Sagitario, los que los hace altamente compatibles. Si usted es un Leo y se encuentra con otro de su especie, es probable que encuentre terreno común en la creatividad. Una potencial fuente de conflictos entre los dos Leo es el amor del signo por ser el centro de atención. Por lo general, a un Leo no le agradará que otro león le robe el foco de atención y los haga hacia un lado. Como tal, las interacciones entre los Leo pueden dar lugar a grandes rivalidades, que pueden no siempre ser malas si la rivalidad es saludable y productiva. Sin embargo, cuando se lleva a extremos poco saludables, las rivalidades tienden a convertirse en conflictos.

Los signos de aire tienden a funcionar bien con Leo, al igual que el aire alimenta el fuego. La relación entre Leo y los signos de aire se traduce en la energía que este signo puede absorber de los signos de aire para volverse más fuerte y, en general, mejor. Como alguien a quien le gusta ser el centro de atención, Leo puede beneficiarse de la naturaleza sociable y curiosa de Géminis y Libra. Acuario puede hacer un excelente trabajo al aportar más objetividad, consideración y sensatez a la vida de un león. Como en algunos otros casos, la conexión entre Leo y Acuario es a menudo una atracción de opuestos. Cuando Acuario piensa demasiado y se pierde en el bosque de su propia mente, Leo lo sacará. Cuando Leo se pone demasiado inquieto y se deja llevar, Acuario le recordará la virtud de la paciencia y la objetividad.

Por lo general, es probable que los Leo tengan problemas con los signos de agua. Por ejemplo, el cariñoso Cáncer puede brindarle a Leo el cuidado y la calma que el león desea, pero eventualmente tendrán desacuerdos cuando la naturaleza extrovertida de Leo entre en conflicto con la preferencia de Cáncer de concentrarse en el hogar. La situación no será muy diferente a la de Piscis y Escorpio, ya que ambos pueden enriquecer la vida de Leo, pero es probable que surjan desacuerdos. La posesividad de Escorpio es especialmente problemática, la que puede combinarse con los celos de Leo en una relación bastante problemática. Pero los signos de Tierra pueden dar a los Leo la estabilidad que necesitan en la vida, pero generalmente no son muy compatibles en las relaciones íntimas. Sin embargo, como compañeros de trabajo, los Leo pueden funcionar bastante bien con los signos de tierra, aunque la terquedad de Tauro podría ser un importante problema.

Amor

Los Leo son muy expresivos y tienden a ser directos, por lo que generalmente sabrá cuál es su posición con ellos. Si Leo siente algo por usted, le hará saber exactamente lo que está pasando, a menos que estén empleando una estrategia. Los Leo también son muy apasionados en el amor, por lo que las relaciones con ellos pueden ser intensas, especialmente durante la proverbial fase de luna de miel. Dado que a Leo le encanta compartir su entusiasmo e inspirar a las personas que lo rodean, puede esperar que este sea un aspecto importante del romance de Leo.

Sin embargo, no deje que su comportamiento apasionado y amante de la diversión lo engañe, ya que los Leo sin duda le exigirán que esté completamente comprometido y devoto. Leo también disfruta de la atención, por lo que su pareja debe poder y estar dispuesta a brindarla. Aun así, la pasión es una de las cosas más importantes en lo que respecta a Leo, por lo que sus parejas deben mantener el ritmo, pero la energía y el entusiasmo de Leo pueden volverse demasiado intensos, incluso para los signos generalmente extrovertidos y enérgicos. Entonces, si alguna vez tiene una relación con Leo, también debería poder hacer valer sus propios deseos porque su Leo podría quedar atrapado en su emoción y olvidarse por completo de lo que quiere y necesita.

Sin embargo, no es que a Leo no le importe su pareja. Es solo que el león puede involucrarse un poco más en sí mismo que la persona promedio, y puede ser difícil para él mantenerse al tanto de los deseos de su amante si él o ella no es capaz de darlos a conocer. Por lo tanto, la pareja de Leo debe ser abierta y directa, ya que es la mejor manera de evitar malentendidos.

Otras Relaciones

Ser un buen amigo de Leo es algo bastante especial, no porque sea difícil acercarse a él, sino porque son un imán para las personas. El carismático Leo hará amigos dondequiera que vaya en la vida, por lo que es difícil abrirse paso entre la multitud y convertirse en un amigo cercano e indispensable del león. Leo es el opuesto a Cáncer. A Leo le gusta un círculo de amigos lo más amplio posible, que logra obtener sin hacer un esfuerzo consciente para construir dicho círculo. Los amigos de Leo también son muy diversos y pueden incluir todo tipo de personajes. El león tiende a ser el centro de atención en ese círculo. Leo es el alma de la fiesta, por lo que muchas personas a las que atraen lo acompañan porque les gusta divertirse.

En un mar de conocidos, Leo generalmente sabrá apreciar a quienes son sus verdaderos amigos. Independientemente de la cantidad de nuevos conocidos que hagan, al final del día, Leo siempre estará allí para un amigo que lo necesite porque es leal y confiable.

Por supuesto, el carácter y la simpatía de Leo también se traducen bien en las relaciones de negocios. Los Leo aportan energía, creatividad, inspiración y liderazgo a su lugar de trabajo. Los Leo pueden ser supervisores sólidos, especialmente si tienen las habilidades profesionales y comprenden los detalles de un proyecto. Con conocimientos técnicos y sus habilidades sociales, los Leo pueden construir equipos muy eficientes y hacer muchas cosas importantes. Aun así, el asertivo y confiado leo a veces puede ser malinterpretado como mandón o egocéntrico, pero este rara vez será el caso una vez que lo conozca.

Trabajo

El amor de Leo por la atención y por ser el centro de todo ya puede darle algunas ideas acerca de los trabajos que disfrutarán. Como también son creativos, les va bien como intérpretes de todo tipo, desde comediantes hasta músicos, actores y otros tipos de artistas. Su personalidad colorida y su confianza a veces pueden combinarse con un don para los negocios, por lo que los Leo pueden terminar por ser vendedores bastante exitosos. Otros trabajos que dependen del encanto, el carácter y el poder de persuasión también suelen ser adecuados para el león.

Para Leo, tener su personalidad y su carácter empantanados en un trabajo aburrido donde sus cualidades están enterradas bajo una rutina estricta e interminable sería algo muy difícil de vivir. Como mínimo, el trabajo de Leo debe ser dinámico y estimulante, pero lo ideal es, sin duda, una carrera en la que estén en el centro. Los Leo también son exitosos políticos y abogados por razones obvias. Ambas líneas de trabajo le permiten a Leo cumplir con otra de sus pasiones, que es inspirar a la gente. Algunos Leo buscarán una carrera basada únicamente en eso, lo que los convertirá en buenos oradores inspiradores y entrenadores.

Al igual que los Tauro, los Leo disfrutarán de los lujos y otras cosas buenas de la vida, todas las cuales cuestan dinero. Sin embargo, cuando Leo encuentra la carrera perfecta y se pone a trabajar, no tendrá problemas para ganar ese dinero. Sin embargo, esas ventajas y comodidades materiales son simplemente una gratificación, y un león nunca estará contento viviendo en una jaula, sin importar el salario que le ofrezcan. Si un trabajo es aburrido, y no permite que su gran carácter brille y se contagie a otras personas, será un trabajo sin futuro para Leo.

Llevarse Bien con un Leo

Casi todo el mundo puede llevarse bien con un Leo, pero relacionarse con un Leo puede ser algo difícil para algunos signos. Pero los Leo no son complicados y generalmente son muy agradables sin mucho esfuerzo. Lo primero y más importante es ser *directo*, como mencionamos brevemente anteriormente. Mientras más honesto y directo sea acerca de sus deseos, intenciones, preocupaciones o cualquier cosa en su mente, mejor será la calidad de su comunicación con Leo. Los Leo generalmente tienen poca paciencia con la sutileza, los juegos mentales y la ambigüedad.

Lo que también es importante es dejar que Leo sea lo que realmente es. Los Leo son personas entusiastas, amantes de la diversión y generosas, por lo que debe permitirles ser ellos mismos en este ámbito. Trate de evitar que sea un gran problema si le dan regalos, por ejemplo. En cambio, simplemente siga adelante y dele las gracias a Leo. A veces, los amigos de Leo deben criticarlos o hacerlos retroceder de alguna manera, pero haga todo lo posible para no hacer llover en el desfile de Leo a menos que deba hacerlo. Los Leo esperan que sus amigos se diviertan y compartan su alegría, así que, si su amigo Leo no está haciendo nada peligroso, no los derribe solo porque no lo encuentra divertido.

A los Leo también les gusta que los animen, aprecien y les digan palabras amables. Si usted es alguien importante en la vida de Leo, recuerde que a estas personas les importa la aprobación y la confirmación. Cuando los Leo están haciendo algo, recibir aliento y comentarios positivos de las personas que importan puede ser un poderoso impulso.

Capítulo Seis: Virgo – La Virgen

La temporada de Virgo ocupa un lugar después del verano entre el 23 de agosto y el 22 de septiembre. Gobernando la sexta casa, Virgo está regido por Mercurio y es un signo de tierra con modalidad mutable. Virgo está simbolizado por la doncella o la virgen y se ha observado e interpretado desde la antigua Babilonia. En Babilonia, la constelación de Virgo estaba personificada en la diosa Shala, la diosa de la cosecha y la fertilidad, aspectos de la vida que eran de suma importancia para los babilonios. Esta interpretación, especialmente en lo que respecta a la agricultura, continuó evolucionando en la misma línea a través de las antiguas sociedades griega y romana.

Siendo un signo de finales de verano, la doncella ocupa un período de calor y luz diurna decrecientes y días más cortos. A medida que se acerca el equinoccio de otoño, llega un momento de recolección y cosecha, lo que se traduce en la naturaleza terrenal y la destreza de Virgo en la organización. Siendo el segundo signo mutable, nacido durante una época de estaciones cambiantes, Virgo está impregnado de energía y naturaleza adaptables y cambiantes. El elemento tierra del signo proporciona una influencia que hace que muchos Virgo sean muy eficientes y laboriosos.

En Virgo, al igual que en Géminis, Mercurio es una influencia importante que hace que los nacidos bajo el signo sean ingeniosos y analíticos. La doncella probablemente caerá bajo la influencia perjudicial si Júpiter está en Virgo. La influencia de Júpiter se observa en Piscis, quien está condicionado por esta influencia a ser un explorador de grandes extensiones. Esta energía entrará en conflicto con la inclinación de Virgo por una organización estricta y su atención a los detalles. En términos prácticos, esta ubicación tiene el potencial de crear una versión de Virgo con los rasgos tradicionales del signo amplificados hacia un extremo negativo. La atención obsesiva a los detalles y un enfoque extremo en el control en cada situación pueden ser algunas de las consecuencias.

Rasgos de Personalidad

La mayoría de los rasgos y cualidades de Virgo se pueden clasificar como femeninos, receptivos y yin, a diferencia de Leo, por ejemplo, cuyos rasgos son activos, masculinos y yang. Como tal, Virgo está más orientado hacia el interior, lo que hace que aquellos nacen bajo el signo sean más adeptos a la introspección. Virgo posee una visión más profunda de su propio mundo interior, con una elevada conciencia de sí mismo.

Los Virgo son meticulosos, adaptables, mentalmente ágiles y, por lo general, tienen al menos un par de habilidades inequívocas. En Virgo, normalmente encontrará a una persona astuta que también aprende muy rápido. Estas personas están bendecidas con una mente clara y observadora que les permite pensar en términos claros y objetivos. A los Virgo también les gusta proyectar esta racionalidad y practicidad en el mundo mientras disfrutan de poner el orden en el caos A las personas bajo este signo les encanta mejorarse a sí mismos y a todo y a todos que las rodean, pero también tienen los pies en la tierra, lo que las protege de las trampas de la arrogancia y el engreimiento. La doncella también es comunicativa y tiende a ser emocionalmente inteligente. Esto y su disposición a ayudar es la razón por la que Virgo a menudo es la persona que tiene valiosos consejos para los demás. Virgo utilizará sus habilidades técnicas para ayudar a los demás en sus esfuerzos físicos, así como su sabiduría y conciencia internas para brindarles apoyo emocional y de otros tipos.

Uno de los mayores problemas de Virgo es cuando su mente analítica y astuta se vuelve demasiado activa. En casos extremos, algunos Virgo pueden colapsar bajo el peso de sus propios pensamientos, sufriendo de ansiedad, preocupación excesiva y muchas noches sin dormir. La inclinación natural de Virgo a servir y curar a otras personas también puede volverse extrema, lo que lleva a las doncellas a descuidarse por completo a sí mismas y a sus propias necesidades. Otros extremos a los que los Virgo pueden llegar cuando se desequilibran incluyen ser demasiado críticos con los demás o de ellos mismos.

Compatibilidad

Virgo es altamente compatible con los signos de agua y tierra, mientras que los signos de fuego y aire pueden requerir que la doncella haga un esfuerzo adicional para que funcionen juntos en cualquier capacidad. Virgo es otro signo práctico y organizado que puede beneficiarse de la saludable dosis de vulnerabilidad y sofisticación emocional que los signos de agua pueden aportar. Al igual que con otros signos, Cáncer tratará a Virgo con mucho cuidado, pero Virgo puede devolverle el favor. Los propios rasgos de cuidado y atención de Virgo a veces le darán a Cáncer algo de respiro, lo cual es un cambio bienvenido para los Cáncer, ya que ellos hacen todo el cuidado para la mayoría de los otros signos. Virgo también se llevará bien con Piscis, con quién disfrutará de una relación de atracción de aspectos positivos. La gran polarización entre el ordenado y práctico Virgo y el filosófico y el abstracto Piscis puede crear una maravillosa relación complementaria cuando se alcanza un entendimiento. Como suele ser el caso, Escorpio puede infundir magnetismo sexual en esta relación, además de otros intereses que Virgo y Escorpio podrían tener en común.

Entre los signos de tierra, Capricornio y Tauro son excelentes combinaciones para Virgo simplemente porque tienen mucho en común, especialmente con su énfasis en la estabilidad, organización y practicidad. Capricornio y Virgo, ambos perfeccionistas por naturaleza, pueden hacer cosas increíbles cuando unen sus dos mentes. Como mencionamos anteriormente, Tauro también aporta mucho a Virgo en cuanto a intereses comunes, pero una de las mayores fortalezas de estas relaciones es la habilidad de Virgo para mantener bajo control la indulgencia de Tauro. Dos Virgo también son una gran combinación en muchos contextos, incluidas las relaciones románticas.

Como antes, a este signo de tierra le resulta muy difícil establecer una relación significativa y un entendimiento mutuo con signos de fuego. Virgo comparte su modalidad mutable con Sagitario, que es un terreno común que podría conducir a una comunicación sólida, pero la naturaleza y el estilo de vida de los dos son tan fundamentalmente diferentes que probablemente no importará al final. Los signos de aire no están ni aquí ni allá, ya que pueden traer diferencias irreconciliables a la mezcla, pero todavía hay. En última instancia, estos se combinan para producir los resultados más variables.

Amor

Los Virgo son sensuales, sutilmente apasionados y no rehuyen al compromiso. El simbolismo de Virgo de la doncella o virgen también simboliza en gran medida la forma en que están enamorados. Los Virgo tienen cuidado al embarcarse en una nueva aventura romántica y no se enamorarán de alguien tan fácilmente.

Son parejas muy cariñosas y devotas, pero puede llevar tiempo y esfuerzo lograr que se involucren emocionalmente. Sin embargo, una vez que Virgo ha juzgado que alguien es la persona adecuada, su amor se abrirá como una flor y demostrarán una inmensa devoción y fidelidad.

El introspectivo Virgo puede parecer desinteresado y frío en la superficie, pero aquellos que logran acercarse a él sabrán que Virgo es increíblemente apasionado y puede ser muy sentimental. Esta pasión oculta es como un tesoro oculto que recompensará a la persona digna de llegar a Virgo y convertirse en su pareja romántica. Además de ser apasionado, Virgo también ayuda y apoya a su pareja. Su influencia estabilizadora puede hacer maravillas para mejorar a alguien. Es común que Virgo sea ese socio que coloca a una persona en el camino correcto en la vida. Incluso si la relación en sí no sobrevive a largo plazo, la influencia positiva permanecerá con la pareja de Virgo para siempre.

Para Virgo, es muy importante que se conecten intelectualmente con su pareja porque encuentran que las relaciones basadas en la conexión intelectual son las más estimulantes. Además, Virgo es la persona que se enfoca desinteresadamente en aprender todo lo posible sobre su pareja, incluidos sus intereses, peculiaridades, cualidades y otras características únicas. A cambio, Virgo esperará o al menos disfrutará lo mismo. De hecho, con Virgo, todo se trata de cosas pequeñas y personales. Incluso un regalo caro de su pareja no significará mucho para Virgo si es irreflexivo, automático, preprogramado o un cliché. Virgo será mucho más feliz si le da un obsequio sin valor hecho a mano, siempre que tenga su toque personal y simbolice su comprensión del carácter único de Virgo y la conexión que comparten.

Otras Relaciones

Con las amistades, Virgo se parece mucho al cangrejo en el sentido que su naturaleza reservada y orientada hacia adentro hace que sea un poco más difícil acercársele. No serán tan cuidadosos como lo son al elegir una pareja romántica, pero definitivamente tomarán tiempo para acostumbrarse a una persona hasta el punto en que puedan considerarlos un verdadero amigo y sentirse cómodo a su alrededor.

Es probable que Virgo sea tímido, pero esto no significa que no le guste interactuar con la gente. Pero a los Virgo les gusta establecer una conexión con alguien nuevo, pero no siempre se sienten cómodos iniciando el contacto. Dependiendo de su carácter, es posible que tenga que romper el hielo y hacer que Virgo hable. La mejor manera de interactuar con Virgo es a través de temas intelectuales lo suficientemente interesantes como para despertar su curiosidad. Una vez que se abre y comienza a hablar sobre un tema que le resuena, Virgo puede abrir un lado comunicativo completamente nuevo que usted no había visto antes.

En las relaciones profesionales, los Virgo generalmente son muy buenos empleados en la mayoría de las líneas de trabajo. En lugar de hablar demasiado o desperdiciar su energía de alguna otra forma, Virgo preferirá concentrarse en su proyecto y hacer el trabajo. Esto le dará buenos puntos con muchos supervisores. Tienen una mente analítica y una gran capacidad de pensamiento crítico, por lo que también son buenos para resolver los problemas de otros compañeros de trabajo. Si Virgo se vuelve demasiado crítico como pueden hacerlo a veces, esto puede generar problemas tanto en el lugar de trabajo como entre amigos. Por lo tanto, algunos Virgo deben hacer un esfuerzo adicional para filtrar las cosas que dicen y mantener sus críticas en el ámbito de los consejos bien intencionados.

Trabajo

Como ya mencionamos, los Virgo son contemplativos, reflexivos, analíticos y tienen un ojo agudo para todo tipo de detalles. Estas cualidades hacen que Virgo sea excelente para ciertos trabajos y determinan qué líneas de trabajo le agradarán a la doncella. El elemento tierra de Virgo bendice al signo con estabilidad y confiabilidad, pero el signo también es mutable, lo que significa que necesitan que su trabajo sea al menos algo estimulante y dinámico. Sin embargo, la agenda en sí no tiene por qué ser dinámica. Virgo funcionará mejor cuando su trabajo les dé consistencia y estructura y cuando su propósito esté definido. Lo que entusiasmará a Virgo sobre su lugar de trabajo son los nuevos proyectos que vienen como parte de ese trabajo.

Los Virgo serán muy útiles para organizar un equipo o un lugar de trabajo, incluso si no siempre se sienten como líderes. Como tal, a Virgo le irá bien como la persona que un supervisor podría emplear como ayudante o consultor para ordenar el lugar. A los Virgo no les gusta el desorden, ni físico ni de ningún otro tipo, por lo que disfrutarán poniendo las cosas en orden.

Virgo también hará un excelente trabajo en cualquier tipo de análisis de datos o trabajo similar donde su mente analítica y meticulosa pueda examinar información. Los tenedores de libros, contadores, analistas de diferentes tipos, verificadores de hechos, editores y otras personas que deben estar atentas a los detalles más finos suelen ser Virgo. A las personas nacidas bajo Virgo les va bien con los idiomas y la literatura, por lo que a menudo son buenos escritores, traductores y profesores. En general, los Virgo son buenos para transmitir la información y el conocimiento que tienen y explicárselo a los demás. Además de enseñar, Virgo puede desempeñarse bien como entrenador, tutor o terapeuta.

Llevarse Bien con un Virgo

El primer y quizás peor error que puede cometer con Virgo es asumir que son fríos y sin emociones solo porque no son particularmente expresivos. Como discutimos, los Virgo simplemente no son muy abiertos y no están ansiosos por compartir sus pensamientos y sentimientos internos. El Virgo con el que se ha encontrado puede ser muy sentimental, pero le llevará tiempo descubrir ese lado de su naturaleza. Por lo tanto, debe recordar darle espacio a Virgo y recordarle que se preocupa por él a través de acciones pequeñas que lo demuestren.

Una vez que descubra que Virgo es una persona generosa con mucha comprensión y perdón hacia los demás, será su responsabilidad no aprovecharse de esas cosas. Virgo casi siempre le dará el beneficio de la duda y una segunda oportunidad, pero en lugar de solo disculparse y volver a lo que sea que le atrapó en primer lugar, debe esforzarse por demostrar a través de la acción que Virgo hizo lo correcto para brindarle ese beneficio.

También debe recordar cuán analíticos son los Virgo. Les encanta pensar y, de vez en cuando, entrarán en un modo de pensamiento excesivo. Si no está listo para lidiar con eso, probablemente experimente un poco de frustración cuando Virgo comience a obsesionarse con algo o se ponga ansioso. Pueden llegar a un alto estado de esto y ceder a sus inseguridades. Lo mínimo que puede hacer es no empeorar las cosas echando leña al fuego. Sin embargo, si sabe cómo calmar a este Virgo en particular, intente hacerlo.

Finalmente, esté preparado para recibir más críticas de su Virgo, sin importar lo cercanos que sean y lo bien que se conozcan. Los Virgo no ven esto como una forma de atacarlo o de herir sus sentimientos. Simplemente son personas analíticas que les gusta mantener las cosas lo más perfectas posible, y lo analizarán y comentarán cualquier cosa sobre usted como lo harían con cualquier cosa o cualquier otra persona en la vida. Cuando la crítica sea válida y constructiva, tome lo que pueda y siga adelante. De lo contrario, haga todo lo posible para mantener las cosas frescas y mantener a ambos ocupados con otra cosa.

Capítulo Siete: Libra – La Balanza

Libra, simbolizado astrológicamente por la balanza, tiene un rango de fechas de nacimiento que cae entre el 23 de septiembre y el 22 de octubre. Libra es un signo de aire con modalidad cardinal y está regido por Venus mientras ocupa la séptima casa. La temporada de Libra comienza justo después del comienzo del otoño en el hemisferio norte, justo en el equinoccio de otoño. El significado simbólico del equinoccio de otoño para Libra radica en el hecho de que este día tendrá la misma luz y oscuridad. Esto está en consonancia con los atributos arquetípicos de la balanza, incluida la igualdad, el equilibrio, la justicia, etc.

Siendo el tercero de los cuatro signos con modalidad cardinal, Libra marca el inicio del otoño y, por lo tanto, está impregnado de iniciativa y liderazgo, como otros signos que presagian nuevas estaciones. El elemento aire de libra también es muy importante porque es la fuente de su adaptabilidad, sociabilidad y flujo natural. Libra es una personalidad muy activa que no tiene reservas a la hora de establecer contactos sociales y explorar el mundo.

Venus, que es una fuerza de paz, amor y diplomacia, puede alcanzar su máximo potencial en Libra. Por lo tanto, no es sorprendente que la gracia, la elegancia y la amabilidad sean algunos de los atributos de Libra. En cuanto al planeta que está exaltado en Libra, ese sería Saturno, el planeta que otorga estoicismo, ingenio, disciplina y un sentido del deber. Esta es una influencia muy positiva y adecuada para Libra, a quien Saturno puede convertir en un individuo increíblemente equilibrado y amable al que los demás admirarán. El pacífico y diplomático Libra estará bajo la influencia perjudicial cuando Marte entre en el signo, como es de esperar. Aquellos con Marte en Libra pueden terminar un poco reacios a confrontar y resistir. La séptima casa de Libra, también conocida como la casa del equilibrio o, a veces, la casa de las relaciones, es otra influencia importante en este signo. Esta es una de las principales influencias detrás de la naturaleza y destreza sociable de Libra.

Rasgos de Personalidad

Como probablemente pueda deducir, Libra es un signo orientado hacia el exterior al que le encanta interactuar con el mundo, explorar y, especialmente, hacer contacto y establecer conexiones con las personas con las que se encuentran. Libra también se destaca por unir a las personas, ayudarlas a superar conflictos y, en general, mejorar la cohesión de cualquier equipo o comunidad en la que se encuentre Libra.

Como tal, Libra suele ser un excelente oyente que no solo se sienta en silencio mientras otros hablan, sino que realmente entiende lo que están diciendo. Los Libra a menudo ponen a otras personas en primer lugar, especialmente en el interés de un bien común, por lo que tienen una gran capacidad para sentir empatía y abordar los agravios de las personas. El planeta regente de Libra infunde a este signo amor, equilibrio y curación, todo lo cual será proyectado en el mundo por la balanza. Libra también es el tipo de persona que se preocupa profundamente por la justicia, tanto en la vida cotidiana como en el ámbito social más amplio. En general, los Libra son altamente identificables, agradables, diplomáticos y fáciles de tratar porque siempre hacen un esfuerzo adicional para resolver las cosas entre las personas. Los Libra también suelen ser artísticos o, al menos, aprecian mucho el arte, gracias a su fuerte sentido estético.

Al igual que con otros signos, muchos de los aspectos negativos de Libra provienen de sus virtudes, cuando se llevan demasiado lejos o se distorsionan. La lucha de Libra es, en cierto modo, lo opuesto a la lucha por la que deben pasar algunos signos más confrontacionales como Aries. Es decir, los Libra a menudo corren el peligro de volverse demasiado diplomáticos y desconfiar de la confrontación. Por lo tanto, los Libra a veces pueden caer en la trampa de la pasividad, al menos con respecto a sí mismos y sus intereses.

Además de permitir que otros pasen por encima de ellos, estos Libra también estarán demasiado retraídos e indispuestos a compartir sus verdaderos sentimientos. Cuando pasan demasiado tiempo reprimiendo estos sentimientos, los Libra pueden volverse inestables. Otro problema que puede surgir con Libra es la indecisión. Debido a que los Libra son tan diplomáticos y cuidadosos al considerar todos los lados del argumento o cualquier otra situación en la vida, es fácil para ellos caer en un estado en el que pasan demasiado tiempo analizando en lugar de actuando. Sin embargo, uno de los mayores escollos de Libra es la pérdida de la autoestima. Es por eso que a los Libra, especialmente a los niños, se les debe recordar de vez en cuando que ellos también merecen atención, amor y comprensión, todas esas cosas que Libra le da a los demás.

Compatibilidad

Los espíritus afines de Libra generalmente se encuentran entre otros signos de aire, así como signos de fuego, mientras que los otros dos grupos pueden ser bastante impredecibles. Como es habitual, el aire alimentará al fuego, por lo que la relación con los signos de fuego será en su mayoría complementaria y muy funcional. Los Libra y Leo se llevan bien como guisantes y zanahorias debido a su naturaleza extrovertida compartida y la pasión de Leo. Debido a que Libra es muy sociable, es probable que se lleve bien con la disposición aventurera de Sagitario. La relación entre Libra y Aries probablemente será una atracción de opuestos donde Libra tendrá una forma de poner un lazo a la naturaleza exaltada de Aries.

Con signos de aire, Libra puede enriquecer enormemente la vida de Géminis y Acuario. Acuario es un compañero natural de conversación para Libra, ya que ambos tendrán un flujo interminable de ideas y opiniones para compartir y discutir. Acuario a veces se queda atrás de Libra en ciertas áreas, particularmente el romance y el afecto, por lo que Libra podría tener que mostrar paciencia en ese sentido de vez en cuando. Con otros Libra, este signo puede crear una serie de relaciones muy interesantes y, por lo general, muy funcionales. La pasión combinada de dos Libra puede mover montañas.

Como de costumbre, los signos de agua brindan madurez emocional y la vulnerabilidad de la que carecen algunos signos, de la que Libra puede beneficiarse. Sin embargo, es probable que algunos rasgos que tiene Libra eventualmente generen problemas. Por ejemplo, Cáncer tendrá problemas similares con Libra que tendría con Leo, principalmente en relación con la sociabilidad y actitud extrovertida de Libra. El filosófico y sentimental Piscis podría terminar frustrado por la falta de voluntad de Libra para explorar mayores profundidades emocionales en lugar de mantener las cosas casuales. En cuanto a Escorpio, no tendrá mucho en común con Libra. Si bien Libra puede obtener cierta influencia estabilizadora de los signos de tierra, estos signos seguirán siendo un misterio para la mayoría de las balanzas. Las relaciones de corta duración podrían ser explosivamente placenteras, pero las perspectivas a largo plazo dejan mucho que desear. Sin embargo, fuera de las relaciones románticas y las amistades serias. Libra puede llevarse bien con los signos de tierra, ciertamente lo suficiente como para hacer un trabajo.

Amor

A Libra no le gusta estar solo, así que cuando no tenga pareja, buscará una. Libra puede hacer de esto un esfuerzo consciente y activo, o puede surgir de forma natural con poco pensamiento. La naturaleza altamente sociable de este signo les permite hacer contactos fácilmente dondequiera que vayan, y siempre existe la posibilidad de que algunos de esos contactos tengan potencial romántico. Libra tiene una forma de hacer que su pareja sienta que la balanza es simplemente la pareja perfecta e ideal.

Una forma de decir esto es que Libra ama amar. Las personas nacidas bajo este signo son del tipo que se enamora fácil e intensamente. Por lo tanto, los Libra generalmente tienen bastantes relaciones, más que la mayoría de los otros signos, antes de establecerse con alguien definitivamente. Sin embargo, una vez que se establezcan, los Libra demostrarán que son más que capaces de comprometerse a largo plazo. Las relaciones de Libra se beneficiarán de su capacidad y voluntad para hacer las paces y mantener las cosas en equilibrio. Los Libra detectarán naturalmente los rasgos de su pareja con los que necesita equilibrarse, que es una de las principales formas en que hacen funcionar la relación.

En general, los Libra tienden a ser muy atractivos para los demás porque siempre tienen alguna cualidad que los hace muy atractivos. Ya sea que se trate de una buena apariencia, estilo de ropa, encanto, o una combinación de numerosos factores, generalmente Libra no tiene problemas para atraer a una potencial pareja. Son muy buenos para hacer que las personas se sientan especiales, lo que pueden hacer intencional o instintivamente. Al igual que a Libra le gusta dar amor, también lo espera a cambio. A menos que su pareja haga un esfuerzo y se comprometa, las habilidades de equilibrio natural de Libra probablemente no serán suficientes, sin importar cuán poderosas sean.

Otras Relaciones

El acto equilibrador de Libra juega un papel importante en sus otras relaciones, especialmente amistades. Los Libra tienen una forma de infundir a sus amigos sentimientos de fuerza y adecuación que pueden ayudarlos a superar sus problemas. Como tal, Libra será una gran fuente de aliento y motivación para las personas que lo rodean, especialmente para sus personas cercanas. Cuando un querido amigo tiene un problema con el que está luchando, Libra lo tomará como algo personal y hará que su misión sea ayudar a su amigo a superar ese obstáculo.

Al extrovertido y sociable Libra le gusta divertirse, por lo que casi nunca hay escasez de conocidos y eventos en sus vidas. El disfrute de la novedad y la experimentación de Libra también los convierte en el tipo de amigo que con gusto emprenderá todo tipo de aventuras. Son personas de mente abierta, que es una cualidad que pueden inspirar en otras personas más inertes, inspirándolos a salir de su caparazón y explorar nuevos territorios. En gran parte, esto se aplica a la relación de Libra con su familia. Libra será muy devoto de su familia, y a menudo será la persona que une la división y siembra la paz y armonía entre parientes y hermanos.

Mantener relaciones exitosas en los negocios y el trabajo es algo natural para Libra. La sociabilidad contribuye en gran medida a facilitar la comunicación, pero los Libra también son buenos líderes, y su trabajo puede beneficiarse de su creatividad. Sin embargo, por muy sociables que sean, a los Libra en general les irá bien cuando se les asigne proyectos en los que puedan trabajar solos. Sin embargo, esto de ninguna manera afecta su capacidad para establecer relaciones de negocios. En general, los poderes equilibradores y las habilidades sociales de Libra pueden mejorar significativamente las relaciones en el lugar de trabajo, incluso entre otros trabajadores.

Trabajo

Trabajar con otras personas, especialmente cuando puede ayudar, es lo que mejor hace Libra. Debido a sus habilidades relacionales y un fuerte sentido de la justicia, Libra brillará en profesiones que giran en torno a ayudar a los desfavorecidos y desafortunados. Libra disfrutará arreglando cosas para las personas, participando en negociaciones, y simplemente mejorando las cosas en general.

La estimulación y satisfacción que Libra busca casi nunca se pueden encontrar en trabajos que impliquen demasiada rutina estancada o aislamiento de los demás. Libra necesita mantenerse activo y experimentar cosas y desafíos nuevos, por lo que permanecer en un lugar durante demasiado tiempo puede desgastar a este signo.

El agudo sentido de la estética, la creatividad y el deseo de Libra de hacer todo más hermoso generalmente hacen que este signo sea una buena opción para todo tipo de disciplinas artísticas. Si un medio en particular permite que Libra inspire a otros, cree obras de belleza y exprese ideas, esa forma de arte será satisfactorio para él. En ese sentido, Libra también podría estar satisfecho con un trabajo similar que podría no considerarse arte per se, al menos no en el sentido tradicional. Por ejemplo, muchos Libra disfrutarán trabajando como diseñadores de interiores.

Por supuesto, el amor de este signo por la justicia a menudo los lleva por el camino hacia una carrera en leyes, por lo que pueden encontrarse en los tribunales como abogados o incluso como jueces. También podrían terminar siendo negociadores en diferentes capacidades, incluso en el trabajo diplomático internacional. En este y otros ámbitos, los Libra también pueden ser buenos traductores si nacen con un don para los idiomas. Facilitar y mejorar la comunicación de las personas es algo que los Libra pueden hacer en profesiones muy diferentes, incluida la consejería matrimonial. Los factores antes mencionados combinados hacen que muchos Libra sean aptos para la política, por lo que es común que alcancen cargos bastante altos en posiciones de liderazgo importantes.

Llevarse Bien con un Libra

Siendo tan orientado hacia el exterior y expresivo con afecto, Libra responderá bien al mismo trato de su parte. Esto significa que los cumplidos pueden llevarlo lejos con Libra. Si es bueno en algo o simplemente está usando un atuendo muy bonito, haga todo lo posible por hacerlo notar y felicitarlo por ello.

Otra excelente manera de establecer una conexión con Libra desde el principio es algo hermoso y altamente estético. Por ejemplo, visitar una galería de arte, un museo o cualquier otra cosa que implique belleza, especialmente belleza artística, es una gran idea para una primera cita con Libra. Mejor aún, si es algo que su Libra nunca ha visto o experimentado, será mejor aún porque disfrutan mucho de la novedad.

Debe dejar que Libra se haga cargo cuando sea necesario porque sus afinidades naturales de liderazgo deben salir a la superficie tarde o temprano. Lo mejor que puede hacer es brindarle a Libra un poco de apoyo y una guía sutil. Por ejemplo, si está liderando un proyecto, es probable que se le ocurran un montón de estrategias o enfoques y tengan dificultades para elegir la correcta. Si lo ayuda a tomar esa decisión y se apega a un enfoque, habrá proporcionado exactamente la influencia de base que Libra necesita de usted.

En general, es posible que Libra no responda bien a las críticas duras, y tampoco les gusta confrontar a la gente. Debe evitar ese enfoque cuando intente llegar al fondo de un problema o conversar de manera significativa con Libra. Es mejor verlos de buen humor y ser completamente abierto y comunicativo sobre sus deseos, inquietudes, u otras cosas que crea que deben discutirse.

Capítulo Ocho: Escorpio – El Escorpión

Simbolizado por el escorpión y originario de la constelación de Escorpio, los Escorpio nacen entre el 23 de octubre y el 21 de noviembre. Este signo de agua tiene una modalidad fija y está regido tanto por Marte como por Plutón, todo mientras ocupa la octava casa. En cuanto al simbolismo, la constelación de Escorpio ha sido observada y se ha reflexionado acerca de ella desde la antigua Babilonia. Esta constelación incluye una estrella roja particular llamada Antares. En muchas tradiciones, este ha sido considerado el llamado "corazón del escorpión" y un rival de Marte.

La naturaleza de Escorpio además está simbolizada por la estación que ocupa el signo en el zodíaco tropical occidental y el hemisferio norte, que es uno en que la energía del sol se debilita y la oscuridad gana terreno frente a la luz. Al igual que esta estación, Escorpio a veces puede parecer oscuro y sombrío, y, sobre todo, misterioso. No es que los Escorpio sean siempre melancólicos o taciturnos como el otoño, pero en gran parte están orientados hacia adentro, por lo que podrían dar esa impresión.

Como siempre, la modalidad y el elemento son influencias importantes que dan forma a la naturaleza de Escorpio, como el tercero de los cuatro signos fijo que ocupa una posición a mediados del otoño, Escorpio suele ser el más fijo de los cuatro. Esta es una fuente de muchas de las fortalezas de Escorpio, pero también una de sus debilidades. El elemento agua de Escorpio suele ser la influencia que equilibra su modalidad fija y bendice al signo con creatividad, una mente investigadora e intuición.

Escorpio es otro signo regido de manera dual. Según la astrología clásica, Marte rige a Escorpio como Aries, pero también tiene un regente moderno en Plutón. La razón por la que este planeta es considerado como el regente moderno es que Plutón fue descubierto en 1930. En la tradición astrológica clásica, Escorpio es el domicilio nocturno de Marte, mientras que Aries es el diurno. Esto significa que la influencia de Marte en Aries es pronunciada, fuerte y obvia para todos, mientras que en Escorpio es sutil y oculta, como una segunda naturaleza. Escorpio tiene la misma capacidad de agresión y fuerte ambición que Aries, pero Escorpio será mucho más calculador y reservado en la forma en que usa estos poderes, siendo el perro proverbial que no ladra, pero ciertamente puede morder. El co-regente Plutón trae algunos de los temas y aspectos característicos de la vida de Escorpio, incluida la introspección, destrucción y poder.

Rasgos de Personalidad

Los Escorpio son personas curiosas a las que les encanta investigar cosas y otras personas. Son las personas que hacen las preguntas reales y tienen poco uso para la charla inútil y las preguntas triviales que comprenden poco más que una cháchara. De alguna manera, Escorpio siempre va directo a la esencia de las cosas y sabe cómo descubrir todo lo que hay detrás. Además de sus mentes investigadoras y curiosas, los Escorpio también son guiados por una intuición fuerte y precisa.

A menudo, Escorpio será un gran trabajador y una persona con una fuerte determinación que conoce la devoción. Debido a su diligencia, trabajo arduo, creatividad y mente investigadora, los Escorpio a menudo se encuentran realizando investigaciones o desarrollando varios estudios. El escorpión es el tipo de persona que acepta un trabajo y se asegura de que la tarea se complete. Los Escorpio también son conocidos por su paciencia y cálculo en todo lo que hacen, especialmente cuando interactúan con otras personas.

A veces los Escorpio pueden parecer nerviosos, sombríos o fríos, pero esto es solo una fachada natural que resulta de su orientación hacia adentro y su profunda contemplación. Como tal, Escorpio a menudo puede ser el proverbial forastero y alguien a quien otros considerarán peculiar. Escorpio es más que capaz de establecer vínculos profundos con los demás. Una vez que alguien ingresa a su mundo y se forma un vínculo, Escorpio revela una pasión y devoción ilimitadas. Si bien puede ser difícil para usted ganarse la confianza de un Escorpio, quedará claro que el esfuerzo valió la pena una vez que lo haga.

Uno de los problemas potenciales con Escorpio es el detrimento de Venus, la diosa del amor. Cuando Venus entra en este signo, Escorpio puede desequilibrarse, especialmente en su capacidad de amar y conectarse con otra persona. Las personas con esta ubicación tienen demasiado amor y afecto o muy poco, a veces incluso, en ambos casos, entran en conflicto con las normas sociales.

Los Escorpio también pueden volverse problemáticos cuando su devoción y trabajo duro se convierten en obsesiones. Estos Escorpio tienden a volverse demasiado rígidos y cualquier cambio significativo puede resultarles muy difícil. Lo mismo puede aplicarse a la (falta de) voluntad de Escorpio de permitir que personas nuevas entren en su vida, ya que puede ser notoriamente lento para confiar en alguien. Los Escorpio también a menudo son personas que tienen un gran interés en todas las cosas oscuras lo que, a veces, puede hacer que se concentren demasiado en ese lado de la vida, lo que lleva a todo tipo de pensamientos oscuros.

El lado oscuro de la naturaleza y la condición humana tiene una forma de contagiar a Escorpio, lo que puede ser un problema grave, ya que muchos Escorpio se encuentran como en casa trabajando con personas con problemas como consejeros, trabajadores sociales, etc. Los Escorpio prosperan con la comprensión y el apoyo, especialmente desde una edad temprana. Por ejemplo, si tiene un hijo Escorpio, es importante no avergonzarlo cuando exprese interés en cosas que son algo poco convencionales.

Compatibilidad

La compatibilidad con Escorpio dicta que este signo funcionará mejor en compañía de otros signos de agua y de tierra. Existe el potencial de un romance explosivo, apasionado e intenso entre dos Escorpio, desde el punto de vista sexual y otros. La vida puede ser toda una aventura cuando dos Escorpio se juntan, especialmente cuando se combinan las ganas de explorar y desmitificar el mundo. Incluso cuando dos Escorpio son demasiado parecidos y tienen defectos, tienden a entenderse y empatizar bien entre sí. Los Escorpio también se llevan muy bien con los Cáncer, principalmente porque comparten las mismas sensibilidades y comodidades, especialmente en lo que respecta a la privacidad y el hogar. Piscis es otro signo con el que a los Escorpio les gusta refugiarse. Los dos se complementan bien y, a menudo, comparten muchos de los mismos intereses.

Entre los signos de tierra, Capricornio se distingue como un buen compañero de trabajo de Escorpio, y alguien con quien Escorpio puede divertirse durante el tiempo libre. Las habilidades organizativas de Capricornio y su capacidad para construir complementarán bastante bien el impulso de investigación y exploración de Escorpio en muchos proyectos. En las relaciones románticas, Virgo usualmente es la mejor combinación, lo que lo convierte en un excelente compañero para el escorpión. Además de una alta probabilidad de que compartan intereses, los dos también se llevan bien porque ambos anhelan la perfección en el amor. Tauro, al contrario, puede ser una fuente de gran atracción para Escorpio. Este encuentro puede ser una gran historia de atracción opuesta, pero pueden surgir problemas si ambos ceden a su natural falta de voluntad para comprometerse.

La volatilidad que viene con los signos de fuego es algo que la mayoría de los Escorpio no apreciarán demasiado, ya que es lo opuesto a la naturaleza sutil, privada y restringida de Escorpio. A pesar de que están uno al lado del otro en el zodíaco, Sagitario y Escorpio no tienen prácticamente nada en común. Las relaciones son similares a las de Aries, aunque Marte gobierna a Escorpio como el carnero. Hay más puntos en común con Leo, pero es probable que los dos eventualmente entren en conflicto cuando tomamos en cuenta sus celos, terquedad y pasión.

Cuando los Escorpio se acostumbran demasiado a sus formas solitarias y retraídas, encontrarse con un signo de aire sociable y animado puede ser una agradable ola refrescante. Sin embargo, a largo plazo, es probable que el escorpión se canse de la variabilidad de estos signos. Acuario es una posible excepción, ya que hay algo de terreno en común con Escorpio, pero el (potencial) problema es que este terreno en común gira en gran medida en torno a la terquedad de los signos y su amor por el debate.

Amor

Como puede deducir de lo que hemos hablado, las relaciones con Escorpio a veces pueden ser intensas. Esta intensidad tiene el lado físico o sensual porque Escorpio es conocido por su pasión y sexualidad. Tienen una libido fuerte, en parte porque la sexualidad de Escorpio a menudo sirve como una salida emocional. En general, Escorpio no es un signo simple, y puede ser bastante difícil de tratar para algunos signos.

Dejando a un lado la sexualidad, los Escorpio tienen actitudes simples y tradicionales hacia las relaciones en la superficie. Quieren un compromiso real y no les gusta perder el tiempo con aventuras sin sentido. Odian las señales manipuladoras y poco claras y aún más los juegos que a algunas personas les gusta jugar con el amor. Con Escorpio, es todo o nada sin intermedio. Ellos esperan que usted sea claro y directo acerca de sus intenciones, y le harán saber cuál es su posición.

Psicológicamente intenso y, a menudo, sutilmente imponente, los Escorpio pueden volverse bastante controladores si su pareja sucumbe a su influencia. La pareja de Escorpio debe tener una mente, un carácter y un conocimiento sólidos para hacerse valer. Sin embargo, las parejas que intentan mentirle a Escorpio o manipularlo, generalmente lo pasarán mal. Escorpio es intuitivo para resolver muchos problemas, pero también será muy bueno para detectar mentiras. Escorpio probablemente esté muy por delante de usted en lo que respecta a la manipulación, por lo que no debería molestarse en intentarlo. Aparte de eso, Escorpio es un amante muy devoto, leal y monógamo.

Otras Relaciones

Mucho de lo que es cierto en el romance también se aplica a las amistades con Escorpio. Debido a que a Escorpio le gusta tener el control, sus amigos a veces pueden tener dificultades para imponerse a sí mismos y a sus deseos. Sin embargo, Escorpio puede controlar las cosas y mover los hilos tan sutilmente que es posible que ni siquiera se dé cuenta de cuándo lo está haciendo. Esto casi nunca se debe a una intención dañina, sino simplemente a la naturaleza de Escorpio. Al igual que en el romance, Escorpio será leal y muy devoto de sus amigos. Lo mismo ocurre con las relaciones de Escorpio con la familia.

Con las amistades, el principal problema de Escorpio es que pueden cerrarse y no permitir que nadie ingrese en su mundo. La confianza de Escorpio no es fácil de ganar, y pasará algún tiempo antes de que empiecen a hablar sobre sus pensamientos y sentimientos más íntimos, si es que alguna vez lo hacen. Aquellos Escorpio que se entregan un poco más a su naturaleza oscura y nerviosa pueden encontrar aún más difícil hacer amigos porque muchas personas pueden sentirse incómodas o incluso asustadas a su alrededor.

La competitividad y la astucia de Escorpio los hace naturalmente expertos en navegar entornos de negocios altamente competitivos, escalar la escalera corporativa o superar a la competencia. Cuando tienen un objetivo que se toman en serio, los Escorpio harán lo que sea necesario para lograrlo hasta el punto de la obsesión. Si no se les cría con ciertos escrúpulos e inhibidores, el competitivo y astuto Escorpio puede emplear algunos métodos turbios e inmorales. A las personas que tienen una relación de negocios con Escorpio se les recomienda tener cuidado y actuar cautelosamente, para que no les piquen.

Trabajo

La naturaleza curiosa e investigadora de Escorpio les permite desempeñarse bien en trabajos en los que se supone que deben resolver problemas complicados o incluso misterios, que contienen ciertas respuestas que deben ser descubiertas. A Escorpio le encanta el sentimiento gratificante que experimenta cuando hace un descubrimiento después de un esfuerzo de investigación intenso y prolongado. La investigación, en el sentido más amplio, es donde los Escorpio pueden sentirse como en casa.

El trabajo de investigación que existe en la investigación privada, la investigación policial de delitos o incluso los servicios de inteligencia serán apropiados para él. Estos trabajos no solo satisfacen la naturaleza curiosa de Escorpio, sino que también pueden proporcionar una ventana a la oscuridad de la humanidad, en la que muchos Escorpio están muy interesados, como dijimos anteriormente. A los Escorpio no les importa dedicar años de su vida a hacer solo un descubrimiento, por lo que también pueden ser grandes científicos.

Todo esto se combina con la sutil naturaleza guerrera de Escorpio provocada por el hecho de que el signo es el hogar nocturno de Marte. Por lo tanto, es común que los Escorpio entren en el ejército y la policía en posiciones distintas a aquellas netamente investigativas. El lado oscuro de la naturaleza de Escorpio también puede llevarlo por muchos caminos oscuros, como el trabajo funerario, el oscurantismo o incluso varias actividades ilícitas.

Llevarse Bien con un Escorpio

Es importante ser franco y directo con Escorpio. Sin embargo, esto no solo es una cuestión de ser claro y ayudar a Escorpio a comprenderlo mejor. Los Escorpio respetan a las personas que no temen defenderse a sí mismas o incluso meterse en enfrentamientos para imponer sus términos. Por supuesto, eso no quiere decir que deba ser agresivo o pelear deliberadamente con Escorpio. Debe asegurarse de que se conozcan sus deseos y de tener claro lo que espera del escorpión.

Además, la honestidad es simplemente una virtud que los Escorpio tienen en alta estima. Recuerde que son personas muy intuitivas que incluso algunos podrían considerar detectores de mentiras andantes. Si trata de mentir o manipular a un Escorpio, lo atacarán rápidamente.

Por imponentes y fuertes que parezcan los Escorpio, igualmente necesitarán su apoyo. En una relación, es fundamental que respete y fomente las mayores fortalezas de su Escorpio, como la ambición y la perseverancia. Si está trabajando duro para lograr un objetivo determinado, bríndele todo el apoyo que pueda. Simplemente no se olvide de sí mismo y de sus propios intereses, porque si eso sucede, Escorpio podría perder algo de su respeto por usted.

Capítulo Nueve: Sagitario – El Arquero

El arquero simboliza a Sagitario, su rango de fechas cae entre el 22 de noviembre y el 21 de diciembre y ocupa la novena casa. Si bien su modalidad es mutable, el elemento de Sagitario es el fuego y Júpiter rige el signo. Sagitario está asociado con la constelación de Sagitario, que era un símbolo del centauro Quirón en la mitología griega antigua. En la mitología griego, este mitad hombre y mitad caballo llamado Quirón era el mentor del joven Aquiles mucho antes de que tuviera sus legendarias hazañas. Quirón fue un maestro de muchas disciplinas, como la música, la caza y la medicina, al mismo tiempo que fue un profeta.

Este relato mitológico antiguo es un símbolo de muchos rasgos que encontramos en las personas nacidas bajo Sagitario. Sagitario es un aventurero, viajero, buscador de conocimiento, y generalmente, alguien que hará todo lo posible en busca de las verdades y la sabiduría subyacente. La bondad, generosidad y amor de Quirón por la humanidad también se reflejan en la mayoría de los Sagitario. La naturaleza dual de un centauro, mitad humano y mitad animal, es otra característica que se puede observar en la mayoría de los Sagitario. Esto se debe a que poseen un lado civilizado, inteligente y sensible, mientras que también tienen uno salvaje, animal e indómito. Este último no es negativo, ya que simboliza el espíritu libre y el sentido de la aventura que tienen los Sagitario. El Sagitario equilibrado es aquel que mantiene con éxito una combinación de instinto fuerte y limpio y una sabiduría humana más profunda.

El final del otoño y el inicio del invierno que vienen con la estación de Sagitario influyen en el signo. Como un signo que ocupa un lugar al final de una estación, Sagitario es el tercero de los cuatro signos mutables, lo que influye en su variabilidad y adaptabilidad. El elemento fuego de Sagitario se combina con su mutabilidad, aportando energía, entusiasmo y audacia para acompañar la naturaleza adaptable de los signos. Esto convierte a Sagitario en un explorador natural. La influencia de Júpiter también es importante porque le da a Sagitario la fuerza para perseverar, dándole a este signo copiosas reservas de optimismo.

Rasgos de Personalidad

Sagitario es un viajero amante de la libertad, tanto literal como figurativamente. A las personas bajo este signo les encantará deambular físicamente y explorar el mundo, pero tampoco pueden evitar recorrer las llanuras de todo tipo de abstracción humana, especialmente cuestiones de vida y significado. De hecho, Sagitario es profundamente filosófico y generalmente es alguien que está profundamente preocupado por cosas como el significado de la vida, la religión y la búsqueda personal. Los Sagitario también son muy introspectivos al mismo tiempo que son muy asertivos y orientados hacia el anterior.

Algunas de las mayores fortalezas de Sagitario incluyen su audacia y optimismo. No tienen miedo de dar pasos decisivos mientras tienen fe en un resultado positivo. Esta combinación hace que sea probable que los Sagitario tengan éxito en los muchos esfuerzos que emprenden, ya sean profesionales, personales o espirituales. Además de ser expertos en buscar la verdad, los

Sagitario también son buenos para compartir esa información, ya que son buenos maestros.

A pesar de que los Sagitario pueden parecer inquietos debido a su constante sed de aventura, aún se rigen por principios sólidos y, en general, son conocidos por su integridad. A los Sagitario les resultará casi imposible vivir bajo reglas o adoptar roles que entren en conflicto con sus valores fundamentales. Sin embargo, cuando algo resuena con sus valores, los Sagitario son más que capaces de comprometerse, especialmente cuando se trata de una causa que consideran digna. Por encima de todo, los Sagitario se distinguen por su honestidad y sinceridad.

Sin embargo, esta honestidad, como la característica definitoria que es, puede ser una fuente de problemas. Cuando se desequilibran, algunos Sagitario pueden volverse demasiado honestos de una manera que puede ser bastante brutal. Además, el amor de Sagitario por la aventura y el cambio es un problema bastante obvio cuando va demasiado lejos. Los Sagitario pueden ser notoriamente reacios a comprometerse cuando usted podría querer que lo hicieran. También es probable que cambien los planes de las personas y cambien su agenda de tal forma que simplemente no funciona para la mayoría de las otras personas. El aventurismo de Sagitario también puede llevarlos demasiado lejos hacia la tierra de la fantasía, y tendrán que ser contenidos y aterrizados por personas realistas y bien intencionadas. Por lo tanto, es importante enseñar a los niños Sagitario el valor de la disciplina, la estructura y la organización.

Compatibilidad

Para obtener la mayor compatibilidad, Sagitario debe mirar hacia otros signos de fuego y signos de aire. Dos arqueros se llevarán bien porque entenderán la necesidad de independencia, exploración y honestidad del otro. Aries es una gran combinación para Sagitario por razones similares. Siendo un individuo fuerte y duro, el carnero puede manejar el enfoque brutalmente honesto de Sagitario y su necesidad de independencia. Aries es la persona que no sufrirá y no le pondrá las cosas difíciles a Sagitario cuando este último deba pasar un tiempo fuera. Sin embargo, esta es precisamente la fuente potencial de problemas con Leo, ya que este signo necesita mucha más atención. Leo y Sagitario pueden ser una gran combinación tanto en el amor y en otros ámbitos de la vida si este problema no se presenta.

Libra y Acuario pueden enriquecer la vida de Sagitario haciendo que el arquero vea más valor en las actividades intelectuales entre los signos de aire que avivan el fuego. Con su personalidad naturalmente curiosa, ambos signos pueden recorrer un largo camino con el aventurero y siempre inspirado Sagitario. Los arqueros también pueden disfrutar de una relación profunda y complementaria con Géminis. Como otros signos de aire, Géminis aporta curiosidad, pero este signo también tiene un lado juguetón e incluso travieso, que la mayoría de los Sagitario encontrarán muy estimulante.

Sin embargo, los Sagitario pueden tener problemas importantes para conectarse con los signos de agua y, a menudo, hará sufrir a estos signos. A muchos arqueros les resultará difícil apreciar plenamente la naturaleza hogareña de Cáncer y, por lo general, a los Cáncer les resultará difícil lidiar con el constante anhelo de aventuras de Sagitario. A Piscis también le resultará difícil conciliar su necesidad de privacidad con la naturaleza inquieta de Sagitario. Piscis también puede ser demasiado sensible a veces, lo que no combina bien con la falta de filtro por la que muchos Sagitario son conocidos. En cuanto a Escorpio, la propensión a los celos de este signo probablemente dará lugar a muchas peleas con el arquero. Los signos de tierra a menudo tienen el potencial de contener a Sagitario, pero incluso ellos pueden sentir que es una causa perdida después de un tiempo.

Amor

El amor por la independencia y la novedad es lo que hace que los Sagitario sean bastante difíciles de tratar para algunos signos. En general, cuanto más prefiera un signo la previsibilidad, la estabilidad y la rutina, más difícil le resultará funcionar en una relación con Sagitario. Otra cosa que puede ser un problema, especialmente para las personas sensibles, es la (infame) famosa honestidad. Aun así, en general es probable que su honestidad sea una ventaja más que un problema, especialmente con algunos signos que anhelan esta honestidad y comportamiento directo.

Siendo un signo de fuego al que le gusta divertirse y llevar una vida estimulante, Sagitario es muy apasionado. Emocionalmente, sexualmente, y de otras maneras, Sagitario es el amante que llevará a su pareja a aventuras y a todo tipo de nuevos territorios. Sagitario vive para mantener su libertad y mantenerse inspirado, por lo que una pareja que pueda mantener el ritmo con estas necesidades básicas de Sagitario puede encontrar una pareja de confianza y amorosa en Sagitario.

Otros rasgos de Sagitario, en particular su inteligencia emocional, pueden traducirse en un gran éxito en el ámbito romántico. Sagitario comprenderá los entresijos de su pareja mejor de lo que la pareja se entiende a sí misma. Sagitario ayudará a sus seres queridos en su camino hacia la superación personal y el autodescubrimiento, y podrían ser la influencia decisiva que coloque a alguien en un rumbo nuevo y digno en la vida. Sagitario también es muy digno de confianza y, en general, la persona en quien puede confiar.

Aunque una relación con el Sagitario de mente independiente puede parecer aterradora al inicio, puede ser una de las relaciones más gratificantes que tendrá. La honestidad de Sagitario también reduce el riesgo de intentar estar con ellos. Es decir, hay pocas posibilidades de que se vea involucrado en un error a largo plazo que eventualmente arruinará su vida. Sagitario será honesto y abierto sobre su incompatibilidad desde el principio, por lo que la relación terminará mucho antes de que las cosas se pongan demasiado serias, si es que nunca estuvieron destinadas a serlo.

Otras Relaciones

En las amistades cercanas, Sagitario será alguien en quien puede confiar y con quien contar, pero llegar a ese punto es lo que suele ser difícil. Sin embargo, no es una cuestión de desgana o introversión de Sagitario como con Escorpio. Con Sagitario, el problema es que están en constante movimiento y en busca de nuevas emociones. Es común que los Sagitario mantengan sus amistades de forma intermitente, por así decirlo. No importa qué tan cercano sea de Sagitario, es posible que se aleje en algún momento, pero no tendrá problemas para volver a aparecer y volver a su vida más adelante. Con signos que son independientes e inquietos como Sagitario, este no es un problema, pero las personas más apegadas y sensibles probablemente tendrán un problema con la forma de ser de Sagitario. Sin embargo, una cosa es segura: si lo llama cuando lo necesita, Sagitario vendrá. El arquero es muy similar en la vida familiar.

En el lugar de trabajo, los Sagitario se llevan mejor con personas que buscan trabajar con personas flexibles, creativas e innovadoras. Los problemas comienzan cuando se espera que Sagitario mantenga un horario y una rutina rígida. Tan pronto como se sientan atrapados, se resistirán. Peor aún, la perspectiva de la obediencia ciega a la autoridad es horrible para la mayoría de los Sagitario, por lo que pueden ser un gran problema para los supervisores que no comprenden la naturaleza del arquero. Si se les da suficiente libertad y espacio mientras se les recuerda su trabajo, los Sagitario pueden ser excelentes subordinados, pero necesitarán su respeto. La necesidad de independencia de Sagitario no debería ser un problema. Es a través de esa independencia que sus cualidades como la innovación y el pensamiento poco convencional pueden brillar y producir grandes resultados. Aprovechar la naturaleza de Sagitario en el lugar de trabajo probablemente resultará rentable para todos al final.

Trabajo

Las cosas que acabamos de discutir determinarán qué trabajos son adecuados para Sagitario. Una cosa destinada a motivar y estimular a Sagitario es el sentido de pertenencia a algo más grande y, sobre todo, servir a un propósito superior. Un trabajo estimulante y dinámico que aporte novedad y aproveche la naturaleza adaptable del arquero, a la vez que proporciona una sensación de propósito superior en el panorama general, probablemente será el trabajo soñado de Sagitario. Debido a su elemento y naturaleza ardientes, los arqueros también disfrutan de los desafíos, por lo que es poco probable que prefieran algún trabajo basado en lo fácil que es. A menudo, la dificultad no es realmente un factor para Sagitario.

Basado en todo esto, puede ver cómo Sagitario podría encontrar una vocación satisfactoria en alguna forma de activismo. El activismo les da a los arqueros un propósito y los desafía, pero también se basa en el optimismo innato que Sagitario Extrae de Júpiter. Los Sagitario también tienden a disfrutar de la enseñanza, aunque los temas que les interesarán pueden variar de una persona a otra. Debido a la tendencia de Sagitario a ser empático y sus inclinaciones activistas, a menudo se los puede encontrar como voluntarios en diferentes ámbitos. De hecho, los arqueros podrían dedicar toda su vida al trabajo desinteresado por las personas desfavorecidas y que sufren, sin pedir mucho a cambio.

Llevarse Bien con un Sagitario

Como puede ver, si ama la aventura, el cambio y no le importa dar a las personas la independencia y el espacio que necesitan, tendrá una base sólida para llevarse bien con Sagitario. Desafortunadamente, a muchas personas les resultará difícil lidiar con la inquietud y la sed de cambio del arquero. Cuando un Sagitario se aburre con la situación de su vida, su pareja o amigo podría tomarlo como algo personal si no comprende la naturaleza de Sagitario. Esto puede generar inseguridad y una gran cantidad de problemas que se derivan de eso. Es desafortunado porque la inquietud de Sagitario no es algo que debiera tomarse como algo personal, es simplemente su forma de ser.

Uno de los requisitos previos más importantes para llevarse bien con Sagitario es aceptar su sed de cambio y simplemente aceptarla. Haga lo posible por mantener el ritmo, no solo porque mantendrá su relación, sino también porque usted mismo podría divertirse mucho y aprender cosas que nunca supo sobre sí mismo. Sin embargo, si finalmente se cansa del constante aventurismo de su arquero, entonces debe decírselo. Esta es la segunda cosa más importante: sea abierto y sincero. Recuerde que los Sagitario también son empáticos y tienen mucha comprensión por las personas. Si se preocupan por usted, comprenderán que necesitan ralentizar las cosas, lo que harán por la persona adecuada.

Finalmente, prepárese para mucha honestidad a un nivel al que quizás no esté acostumbrado. Los Sagitario pueden decirle abiertamente cosas que otros nunca se atreverían, y probablemente ni siquiera se detendrán a pensar si son apropiadas o no. Llevarse bien con Sagitario requerirá un poco de piel gruesa. Además, tener una piel más gruesa le ayudará en la vida, independientemente de su relación con el arquero. Es solo una de esas cosas que su amigo o pareja Sagitario le dará como regalo, que seguirá teniendo incluso si eventualmente desaparecen de su vida.

Capítulo Diez: Capricornio – La Cabra Marina

Los Capricornio nacen entre el 21 de diciembre y el 20 de enero, lo que los convierte en el último de los cuatro signos cardinales cuyo elemento es la tierra. Capricornio proviene de la constelación conocida como Capricornio, también conocida como la cabra cornuda. Capricornio está simbolizado por la cabra marina, que es una criatura acuática mitológica que es mitad cabra, mitad pez. Capricornio también ocupa su correspondiente décima casa y está regido por Saturno.

La legendaria mitología de la cabra marina se remonta al menos a la Edad del Bronce, y diferentes culturas han tenido diferentes relatos. En la antigua Babilonia, la cabra marina era tratada como un dios acuático asociado con el conocimiento y la creación. Sin embargo, de acuerdo a los griegos, existía Pricus, una especie de padre de muchas cabras marinas que intentaba proteger, y la historia cuenta que Pricus no pudo proteger a sus hijos y se le dio un lugar para vivir en el cielo después de esta gran pérdida. Los griegos creían que ese lugar era la constelación de Capricornio.

Dejando de lado la mitología, una influencia importante en Capricornio es el solsticio de invierno que comienza en el hemisferio norte con el inicio de la temporada de este signo. Durante este período, el sol proporciona la menor cantidad de luz y calor. Los Capricornio son ingeniosos, y siempre tienen un plan, tal como el invierno siempre ha dictado a todos los que desean superarlo. Siendo el último de los signos cardinales y presagiando el comienzo del invierno, Capricornio está imbuido de las mismas cualidades iniciáticas que los otros signos de inicio de estación. La naturaleza del elemento tierra de Capricornio también es bastante clara en muchos de los rasgos de este signo estable y sensato.

Cuando Saturno está en Capricornio, el planeta está en su domicilio nocturno, siendo Acuario el diurno. Saturno en Capricornio regala a los nacidos bajo este signo ambición, disciplina, practicidad, productividad y organización. Capricornio también es un signo en el que Marte está exaltado, lo que pone a toda marcha muchas de las fortalezas del signo y convierte a los Capricornio en individuos extraordinarios.

Rasgos de Personalidad

Los Capricornio generalmente se distinguen como muy trabajadores y personas orientadas a objetivos, motivadas y trabajadoras. Capricornio está en su mejor momento cuando establece una meta ambiciosa, traza un camino y se pone a trabajar para lograr esa meta. Son muy hábiles para crear proyectos y llevarlos a cabo, por lo que tienen una mente adecuada para los negocios. Incluso cuando no se trata de negocios, Capricornio aplicará una mentalidad de negocios a muchas situaciones en la vida y, a menudo, funcionará tal como lo había planeado.

Además de su practicidad, los Capricornio poseen paciencia y un alto grado de realismo en su pensamiento. Cuando las cosas se pongan difíciles y la mayoría de las personas estén listas para tirar la toalla, los Capricornio mantendrán el rumbo y seguirán trabajando hasta que se logre la meta, y luego disfrutarán de su glorioso éxito. Los Capricornio también son buenos para dar consejos a los demás, gracias a su propia estabilidad, sensatez y autodominio. Las cabras marinas no solo están comprometidas solo con sus actividades terrenales y proyectos empresariales, sino también con las personas que les importan. No siempre confían tan rápido como a muchos les gustaría, pero una vez que hayan establecido una conexión, los Capricornio serán la imagen de la lealtad. Los Capricornio también son conocidos por tener un fuerte sentido del humor que no solo sirve para hacer reír a la gente, sino también para hacer que la cabra marina y quienes la rodean pasen momentos difíciles. Es ese sentido del humor lo que a menudo es el as bajo la manga de Capricornio y el secreto de su impresionante perseverancia y resiliencia.

Como probablemente pueda imaginar, un problema común que surge con los Capricornio es cuando su enfoque en el objetivo trasciende el ámbito de lo racional. De hecho, Capricornio puede concentrarse tan intensamente en su objetivo que se vuelve ciego para todo lo demás. Este nivel de terquedad puede ser bastante destructivo para Capricornio e incluso para las personas que lo rodean, particularmente en lo que respecta a sus relaciones. Debido a su increíble ética de trabajo y diligencia, algunos Capricornio pueden valorar mucho a otras personas. No hay nada malo en esperar que otras personas hagan lo mejor, pero cuando Capricornio lleva esto al extremo, puede ser difícil trabajar con él.

Uno de los caminos más oscuros por los que pueden atravesar los Capricornio es el camino del aislamiento y la soledad. Cuando se sienten inseguros o se decepcionan, pueden volcarse completamente hacia su naturaleza autosuficiente y desconectarse completamente del mundo. Muchos Capricornio también esconden sus sentimientos verdaderos, especialmente el dolor, detrás de un velo de humor y actitud autosuficiente. Cuando los amigos de este Capricornio no lo comprenden, su experiencia de vida puede volverse muy solitaria y aislada, incluso estando entre personas.

Compatibilidad

Los signos que pueden esperar las mejores relaciones con los Capricornio son los de tierra y agua. Al ser una persona realista, con los pies en la tierra y con autoridad, Capricornio probablemente se encontrará con bastantes problemas con los signos de aire y fuego. Estos fastidiosos aventureros y soñadores a menudo tendrán que ser disuadidos y restringidos por Capricornio.

Con toda su objetividad y autoridad, los Capricornio a veces pueden olvidar su lado emocional, por lo que los signos de agua pueden ser muy buenos para ellos. Por ejemplo, Cáncer y Capricornio pueden funcionar muy bien como pareja a pesar de ser opuestos. Mientras que los Capricornio pueden convertirse en adictos al trabajo, los Cáncer se centrarán en mantener el hogar. Cuando ambos llegan a un acuerdo mutuamente aceptable y se reparten sus responsabilidades de esta manera, pueden tener una relación muy productiva, especialmente en el matrimonio. Si Capricornio puede pasar por alto los deslucidos esfuerzos organizativos de Piscis, podría beneficiarse enormemente de las ideas de Piscis, que pueden ampliar los horizontes de este signo. Capricornio también se lleva bien con Escorpio, y es uno de los pocos signos que tiene esa habilidad.

Como puede imaginar, los Capricornio se sienten como en casa con otros signos de tierra debido a su estabilidad, orden y naturaleza práctica. Cuando dos Capricornio se juntan, ninguna meta es demasiado alta o demasiado ambiciosa. Debido a su fuerte enfoque en el trabajo, dos Capricornio podrían olvidarse por completo del romance, por lo que quizás la mejor relación para ellos podría ser una estrecha colaboración profesional. Virgo y Tauro también son altamente compatibles con Capricornio, pero estos dos tienen más que ofrecer en cuanto a diversión, ocio, disfrute y todas esas cosas agradables de la vida, por lo que ambos pueden complementar bien al trabajador Capricornio.

Entre los signos de fuego, Aries es problemático para Capricornio porque el carnero es un individuo testarudo con una inclinación por el liderazgo, lo que puede llevar fácilmente a un conflicto con el autoritario Capricornio si ambos son intransigentes. Sagitario es una combinación aún peor debido a varias diferencias fundamentales en los valores y la forma en que ambos perciben el mundo. La situación es básicamente la misma con Leo. Estos signos podrían funcionar con Capricornio en algunos contextos, especialmente en los negocios, pero sus perspectivas de cercanía a largo plazo son escasas. Los signos de aire pueden ser incluso mejores para Capricornio cuando se trata de negocios, pero los compromisos a largo plazo a menudo se volverán amargos.

Amor

La cabra marina, al ser un individuo autoritario y trabajador, requerirá mucho de lo mismo de alguien a quien consideran una pareja digna. Capricornio preferirá estar con alguien a quien pueda respetar, dependiendo de cuántas cualidades que respete se puedan encontrar en esa persona. Por lo tanto, Capricornio será probablemente el más feliz en una relación de verdaderos iguales. A pesar de que a menudo tienen autoridad e interacciones en la vida, la mayoría de los Capricornio no buscan a alguien que simplemente se someta a sus caprichos por amor. Por otro lado, tampoco buscan a alguien que los domine, pero es probable que al menos respeten más a esa persona.

Un Capricornio enamorado quizás podría describirse mejor como lo sería en otros ámbitos de la vida: alguien que trabaja duro. Esto significa que pueden ser devotos, leales y comprometidos, pero es posible que no lo demuestren emocionalmente. Ha aprendido que muchos Capricornio no muestran muchas emociones, y lo mismo aplica a las relaciones románticas. Si no está particularmente necesitado o demasiado dependiente del romance, esto no será un problema para usted. Si está buscando una pareja leal, fuerte y protectora, entonces la cabra marina valdrá la pena el esfuerzo.

Además, incluso los menos expresivos entre ellos probablemente se abrirán emocionalmente en algún punto, incluso si toma años. Esto se debe a que los Capricornio ven las relaciones como ven su trabajo o cualquier otro esfuerzo en su vida. Emplean un enfoque práctico y se ponen a trabajar, esperando que esto produzca resultados. Es un concepto simple, sin embargo, algunos de los signos más sensibles y sentimentales tendrán dificultades para aceptarlo.

Otras Relaciones

Con las amistades, los Capricornio buscan la calidad sobre la cantidad. Por lo general solo tendrán unos pocos amigos, pero serán amistades verdaderas y duraderas que pueden remontarse a la infancia. Estas son relaciones en las que los Capricornio trabajarán duro para mantener, y serán muy leales a estas personas. La cabra marina rara vez será demasiado cálida o cariñosa con sus amigos, por muy cercanos que sean y por mucho que confíen en ellos. Una de las bases más sólidas para las amistades en lo que respecta a Capricornio es la conexión intelectual. Los Capricornio se dedican incansablemente a su familia. Lo único por lo que pueden ponerse algo sentimentales son los recuerdos familiares, tradiciones y la historia en general. La cabra marina suele estar bien informada sobre su historia familiar y sienten una conexión con esa continuidad de larga data. De alguna manera sorprendente, los Capricornio atribuyen más importancia a cosas como cumpleaños, aniversarios, reuniones familiares, costumbres y otras tradiciones. Lo único que los Capricornio no pueden soportar es el entrometimiento y los intentos de control, ya sea que provengan de familiares o amigos.

La cabra marina lleva muchos de estos principios a su vida profesional. Son respetuosos, profesionales y educados, pero también tienen un enfoque sensato la mayor parte del tiempo. Si quiere que su compañero de trabajo Capricornio tenga una conversación distendida con usted, entonces es mejor que se asegure de que el tema que tiene para ofrecer sea interesante e intelectualmente estimulante. De lo contrario, su colega Capricornio preferirá simplemente volver al trabajo. Los Capricornio son compañeros de trabajo leales y confiables que tienden a ejercer autoridad incluso cuando en el papel no están en una posición de autoridad. Son la persona que siempre parece tener las cosas claras mejor que otros trabajadores, y es a quien todos piden consejo y ayuda.

Trabajo

Los Capricornio se sienten más cómodos cuando supervisan su trabajo, lo que significa organizar su tiempo, entorno, detalles del proyecto y otras cosas que se incluyen en un proyecto. Esto significa que no tienen problemas para hacer el trabajo cuando sus superiores se lo piden, pero es mejor dejar que Capricornio conserve un cierto grado de independencia porque, por lo general, encontrará el mejor enfoque para hacer bien el trabajo.

Los Capricornio pueden encajar y funcionar en la mayoría de los lugares de trabajo y en una amplia gama de labores. Son diligentes, detallistas, bien organizados, meticulosos y perseverantes. Estas cosas los convierten en grandes trabajadores, pero también le dan a Capricornio una ventaja en los negocios cuando se dedican a sí mismos. Capricornio será muy feliz cuando sea su propio jefe y tenga éxito como tal.

Aunque prefieren trabajar solos y concentrarse en proyectos a largo plazo, los Capricornio también pueden tratar a las personas como proyectos. Esto los convierte en personas adecuadas para encargarse de la gestión de recursos humanos. Con su arduo trabajo, los Capricornio pueden trabajar pacientemente con las personas para llevarlas por el camino correcto y, con su ojo para los detalles, generalmente olfatearán el potencial oculto de los empleados. A los Capricornio les irá bien en todo tipo de posiciones gerenciales. Como puede ver, no se trata solo de pura autoridad, de la cual los Capricornio tienen mucha. Los Capricornio simplemente tienen una variedad de cualidades y fortalezas que naturalmente proyectan autoridad e inspiran confianza en otros sin hacer un esfuerzo consciente para ello. Esto hace que los Capricornio sobresalgan en la mayoría de los trabajos que puedan realizar.

Llevarse Bien con un Capricornio

Para llevarse bien con los Capricornio, primero debe aprender a no confundir su amabilidad y cortesía con cercanía. Si pasa suficiente tiempo con un Capricornio a quien acaba de conocer, rápidamente se dará cuenta de que, a pesar de su comportamiento amistoso y respetuoso, hay una distancia innegable que siempre se mantiene.

Una posible forma de encontrar a un Capricornio con la guardia baja y acercarse a él es inspirándolo a divertirse. El trabajador y sumamente práctico Capricornio a menudo puede olvidarse de divertirse y relajarse de vez en cuando. Si lo convence de que se tome un poco de tiempo para relajarse y le muestra algunas actividades divertidas que terminan disfrutando, esto puede ser una base sólida para un vínculo más significativo. Es una forma de sorprender a Capricornio y dejar una impresión positiva. Para Capricornio, no todos los días alguien se abalanza sobre ellos y les muestra lo que no sabían que tenían, ya que la cabra marina generalmente tiene un dominio muy fuerte sobre sí misma.

Los Capricornio también disfrutan aceptando un desafío y aprendiendo cosas nuevas. Una buena manera de acercarse a una cabra marina es llevarlos a una actividad significativa que los desafíe y los estimule con nuevos conocimientos o habilidades. Emprender un nuevo pasatiempo, deporte o actividad al aire libre puede ser justo lo que hará que Capricornio quiera pasar más tiempo con usted. Aparte de eso, solo recuerde aquellas cosas que los Capricornio respetan, incluido el trabajo duro y la estabilidad. Simplemente tener un nivel de comprensión suficiente de la naturaleza de Capricornio será suficiente para, al menos, mantenerse en buenos términos con él, en el lugar de trabajo o en cualquier otra parte.

Capítulo Once: Acuario – El Aguador

El undécimo signo, que ocupa la casa correspondiente, es Acuario. La temporada de este signo es entre el 21 de enero y el 18 de febrero. Acuario también es conocido y simbolizado por el aguador, y es un signo fijo de aire. Saturno rige a Acuario, pero, al igual que Escorpio, Acuario también tiene un regente moderno, que es Urano. Este signo proviene de la constelación de Acuario, que está simbolizada por el portador de agua o el mitológico Ganímedes, según los antiguos griegos. Ganímedes era el hijo del rey troyano, Tros, quien finalmente sirvió como copero de los dioses griegos en el Monte Olimpo.

En la Antigua Babilonia, Acuario estaba asociado con Ea, un dios conocido por llevar un jarrón lleno de agua. Los antiguos egipcios también tenían sus propias ideas sobre Acuario, y lo asociaban fuertemente con las inundaciones que sustentaban la vida con las que el Nilo irrigaba sus cultivos. Los egipcios creían que la inundación se produjo cuando Acuario ponía su cántaro en el Nilo.

Como signo fijo, Acuario está bajo influencias que le dan estabilidad y fuerza para aguantar. Esto se ve exacerbado por el posicionamiento del signo en el invierno, que es también la razón por la cual muchos Acuario se vuelven más creativos y productivos durante la época más fría del año. Como mencionados anteriormente, Acuario es el domicilio diurno de Saturno. Esto permite que todas las cualidades de Saturno salgan a la luz y estén en su mejor estado. Con Saturno en Aries, las personas están dotadas intelectualmente y están bien preparadas para una amplia gama de tareas intelectuales, al mismo tiempo que están dotados de resistencia, objetividad, paciencia y otras cualidades. Pero Urano infunde a Acuario con inventiva, adaptabilidad y una inclinación por el pensamiento y la acción poco convencionales.

Acuario puede dar algunas desventajas a los nacidos bajo el signo si el sol entra en él. El sol está en detrimento de este signo porque su hogar, Leo, es el opuesto. El resplandor y la naturaleza imponente del sol son todo lo contrario de la mayoría de los Acuario. Mientras que los Leo aman la atención, los Acuario prefieren mantenerse sutiles, y cuando el sol está en el signo, los Acuario pueden evitar la atención hasta el punto de dejar pasar las oportunidades.

Rasgos de Personalidad

Los Acuario son a menudo personas humanitarias y filantrópicas porque les gusta estar atentos al panorama general y, como resultado, tienden a preocuparse por mejorar el mundo. Los Acuario suelen tener una gran capacidad de pensar en el futuro y, a menudo, son partidarios de ideas progresistas tanto en la vida personal como en la sociedad. Acuario no rehuirá establecer contactos con personas que lo ayudarán en su misión, por lo que a menudo son bastante hábiles en la colaboración y los esfuerzos en equipo.

Aunque no parezca así, Acuario es un signo orientado hacia el exterior que se involucra activamente con el mundo. Está más que dispuesto a comprometerse, y son las personas que llevan adelante sus proyectos. Los Acuario también tienen muchos principios, y se adhieren a su conjunto de valores, especialmente en las interacciones sociales.

La mayor fortaleza de Acuario es probablemente su inteligencia, la que combina con una gran objetividad. Los Acuario son muy buenos para observar las cosas desde un punto de vista neutral y emitir juicios racionales y objetivos sobre las situaciones y el carácter de las personas. Aunque los Acuario suelen ser funcionales, muchos sentirán que no pertenecen a gran parte de la sociedad en general. Esto es algo que sienten por dentro, generalmente porque están llenos de ideas novedosas, pero rara vez obstaculiza su capacidad para funcionar en la sociedad.

Es la inteligencia de Acuario la que eventualmente puede causarles problemas, particularmente si se vuelven demasiado intelectuales en detrimento total de todas las demás formas de percibir el mundo. Los Acuario demasiado intelectuales pueden parecer fríos y distantes, y podrían olvidarse de brindarles a sus seres queridos la atención y el apoyo emocional que necesitan. Cuando los Acuario como estos se encuentran con situaciones que requieren intuición o inteligencia emocional, el aguador puede quedarse atascado e incapaz de encontrar la solución. Los Acuario pueden volverse demasiado fijos debido a su enfoque y modalidad rígidamente lógicos, especialmente cuando exigen ciertos estándares de otras personas.

Compatibilidad

Acuario puede llevarse bien con otros signos de fuego y otros signos de aire, mientras que los otros dos grupos pueden ser o no adecuados, según el contexto. Dado que Acuario puede parecer un Sagitario distante, Aries será una buena combinación porque también es individualista y no requerirá una gran cantidad de atención. El aventurero Sagitario apreciará el comportamiento y el enfoque poco convencionales de Acuario, ya que esta es una afinidad que poseen ambos signos. Acuario y Leo pueden hacer una gran pareja en una relación bastante complementaria, particularmente con los Leo, que se salen de control y podrían beneficiarse de la voz de la razón que traerá Acuario.

En cuanto a los signos de aire, la atracción intelectual y el gran intercambio que se puede producir entre Acuario y Géminis puede resultar en solo eso, una conexión intelectual. Por lo tanto, estos dos pueden ser excelentes compañeros de trabajo o amigos, pero el romance a menudo puede no ser la mayor prioridad. Intelectualmente, los Acuario también tienen mucho que compartir con Libra, pero la relación eventualmente podría volverse fría si Acuario se vuelve distante y olvida darle a Libra la atención romántica que necesita. Aun así, Acuario podría sentirse más comprendido y cómodo cuando se encuentra con otro Acuario, especialmente en lo que respecta al intercambio de ideas, la comunicación y el entendimiento mutuo.

Cuando los Acuario se sumergen demasiado o incluso se pierden en su mundo intelectual o abstracto de ideas, a menudo pueden descuidar el lado emocional de las cosas. Los signos de agua pueden tener una gran influencia positiva cuando eso sucede. Desafortunadamente, esto es precisamente lo que puede provocar problemas con estos signos. No es simplemente que a Acuario no le importe mucho el romance o la expresión emocional. A veces, literalmente, no puede manejar las demostraciones emocionales intensas y los requerimientos de los demás. La sensibilidad de Piscis, el apego de Cáncer y los celos de Escorpio pueden ser todo lo que eventualmente aleje a Acuario. Los signos de tierra son aún menos identificables para Acuario.

Amor

Con las relaciones románticas, lo que puede despertar el interés de Acuario en algo más que cualquier otra cosa en el mundo es la estimulación intelectual. Muchas cosas que les importan poco a los otros signos serán poco interesantes para Acuario, pero si alguien tiene algo inteligente o interesante que decir para poner en marcha la mente de un Acuario, entonces tendrá la atención de Acuario. Bajo este signo, la gente tendrá conversaciones largas e inteligentes sobre una amplia gama de temas importantes y profundos.

Sin embargo, después de que Acuario haya sido cortejado con astucia, necesitarán más que una conexión intelectual para mantener una relación. Los Acuario valoran la honestidad y la independencia. Disfrutan quedar atrapados en sus contemplaciones internas de vez en cuando, por lo que a veces decidirán estar solos por un tiempo. En pocas palabras, Acuario quiere un cierto grado de espacio, que también le otorgarán a su pareja.

Los Acuario generalmente prefieren estar en una relación con alguien que en gran medida esté en igualdad de condiciones con ellos, al igual que Capricornio. Pero también se sabe que los Acuario toman decisiones muy poco convencionales al elegir a una pareja. En cualquier caso, una vez que eligen una pareja y la relación se pone en marcha, el compromiso es a largo plazo. Una cosa para recordar sobre Acuario es que tiene una naturaleza muy implacable. Es mejor discutir cualquier queja y otros problemas con anticipación que hacer enojar a un Acuario o estropear las cosas de alguna manera. Una vez que se sienten traicionados o seriamente agraviados, es probable que todo se acabe.

Otras Relaciones

Es común que los Acuario tengan un amplio círculo de amigos y conocidos, pero solo considerarán a unos pocos como sus verdaderos amigos. Con esas personas, Acuario es muy devoto y leal. Prefiere estar cerca de personas inteligentes, creativas y honestas, ya que estas tres cosas son sin duda la base más sólida para una amistad a largo plazo para Acuario.

Los Acuario tienen muchos amigos porque son agradables y es fácil llevarse bien con ellos a un nivel superficial. Un amplio círculo de amigos es más algo natural y espontáneo que algo por lo que Acuario se esfuerce. La mayoría de los Acuario no necesitan a muchas personas en sus vidas, simplemente sucede a menudo de esa manera. Realmente no se abrirán a la mayoría de estas personas ni las dejarán entrar en su vida de una manera significativa porque a los Acuario les gusta evitar ser emocionalmente vulnerables siempre que sea posible.

Sin embargo, con su círculo íntimo de amigos y familiares, los Acuario están abiertos y sacrificarán mucho por el bienestar de ellos. También tendrán un gran interés en compartir y discutir sus sentimientos. Aunque les gusta pasar un rato a solas y les toma un tiempo abrirse, los Acuario no son para nada como, por ejemplo, los Capricornio. Esto facilita que los Acuario se adapten bien a su lugar de trabajo y se lleven bien con sus compañeros de trabajo. Debido a su ingenio e inteligencia, son buenos trabajadores desde la perspectiva de un supervisor.

Trabajo

Si un trabajo le permite a Acuario usar sus talentos individuales y emplear su destreza intelectual, entonces probablemente lo disfrutará. Los Acuario serán más productivos cuando estén en un lugar que fomente y motive su creación, imaginación y habilidad para pensar fuera de la caja. De hecho, Acuario a menudo piensa de manera poco convencional, lo que puede llevar a bastantes ideas interesantes que pueden producir grandes resultados si caen en los oídos de personas receptivas o si el Acuario tiene los recursos y el tiempo para implementar la idea por su cuenta.

Dado que a los Acuario les gusta ser estimulados intelectualmente, se sienten como en casa en posiciones en las que pueden aprender muchas cosas. Los Acuario a menudo son científicos e investigadores de todo tipo. Estos trabajos también pueden satisfacer otra pasión que Acuario tiene, que es su humanitarismo y un fuerte impulso para hacer un cambio positivo en el mundo.

Esto puede traducirse en trabajo social y otros empleos similares. A todos los Acuario les gusta la estimulación intelectual, pero sus intereses variarán, y ese estímulo puede provenir de diferentes fuentes. Mientras que un Acuario podría encontrar esta emoción en la ciencia, otro podría estar interesado en las personas y sus problemas, lo que lo llevará a convertirse en terapeuta, consejero o algo similar. Los Acuario también pueden ser excelentes jugadores de equipo, pero deben estar seguros de que su contribución será reconocida cuando el trabajo esté terminado en lugar de diluirse con el resto del equipo.

Llevarse Bien con un Acuario

Como ya mencionamos, a los Acuario les encanta ser estimulados intelectualmente, por lo que este es siempre un excelente camino de acercamiento hacia ellos para establecer una conexión. La parte desafiante puede ser acercarse a ellos o iniciar una conversación, pero una vez que llegue a un tema determinado que pueda generar una conversación larga y estimulante, las cosas funcionarán por sí solas.

Mantener una conversación significativa lo acercará al corazón de Acuario. Si gana un debate, presenta un argumento sólido, o hace que su Acuario piense de una manera nueva o vea una perspectiva nueva, entonces todas las puertas se abrirán. Como alguien a quien le encanta pensar y contemplar, Acuario estará emocionado de aprender algo nuevo o ver uno de sus viejos argumentos bajo una nueva luz. Inmediatamente desarrollará un gran gusto por la persona que hizo que eso sucediera.

Recuerde que Acuario valora su independencia y espacio, así que prepárese para concederles eso. Esta parte también es importante para usted, ya que algunas personas a menudo interpretarán la distancia ocasional de Acuario como frialdad o enojo. No es algo que deba tomarse como algo personal y simplemente debe aprender a vivir con ello. Otra cosa con la que probablemente tendrá que vivir son todo tipo de peculiaridades que los Acuario individuales pueden tener. A menudo, estas peculiaridades son solo algo que los hace especiales y agradables.

Capítulo Doce: Piscis – El Pez

El duodécimo y último signo del zodíaco es Piscis, nacido entre el 19 de febrero y el 20 de marzo, y residiendo en la duodécima casa. Este es un signo mutable de agua que está regido por Júpiter mientras que también tiene un regente moderno en Neptuno. La constelación de Piscis ha sido observada durante un largo tiempo y conectada a muchos dioses y entidades divinas por varias culturas a lo largo de la historia. El nombre del signo proviene de la palabra latina para pez. Algunas asociaciones de Piscis incluyen Poseidón o Neptuno, Vishnu, algunos dioses sumerios e incluso Jesucristo. Los antiguos griegos veían a Piscis como la encarnación celestial del legendario pez al que se le atribuye haber salvado a Afrodita y a su hijo de Tifón, un monstruo marino. El lugar distinguido del pez en los cielos fue una recompensa divina por esta acción.

Dado que el zodíaco tropical occidental coloca a Piscis en la última parte del invierno del hemisferio norte, Piscis observa un retorno gradual del calor y el crecimiento de la luz del día a medida que se acerca la primavera. Es un momento que presagia una temporada entrante de renovación, crecimiento y despertar, que se refleja en Piscis de muchas maneras. Piscis también obtiene una influencia importante de su posición como el último de los cuatro signos mutables, lo que hace que Piscis sea muy capaz de cambiar y adaptarse. Esta adaptabilidad y capacidad de cambio se ve reflejada por el elemento de agua del signo.

Mientras que Júpiter encuentra su domicilio diurno en Sagitario, Piscis es donde el poderoso planeta descansa por la noche. Las influencias que Júpiter tiene en Piscis adquieren un papel más sutil e interno con Piscis, incluida la creatividad, imaginación y espiritual. Tanto Piscis como Sagitario pueden obtener beneficios muy similares de Júpiter, pero se manifestarán de manera diferente entre el contemplativo y reflexivo Piscis y el extrovertido y audaz Sagitario. Venus se exalta en Piscis porque se combina bien con la naturaleza sensible y espiritual del signo. Por lo tanto, los nacidos bajo Venus en Piscis pueden tener lo mejor de estas dos energías planetarias sumamente agradables.

Rasgos de Personalidad

Las personas nacidas bajo el signo de Piscis son personas introspectivas a las que les gusta ser sutiles y al mismo tiempo desinteresadas. Este signo orientado hacia el interior es profundamente contemplativo y dedicado a asuntos de filosofía, espiritual y examen de conciencia. Siendo el último de los doce, a menudo Piscis también posee varios rasgos que se pueden encontrar en los once signos anteriores. Piscis es una raza rara porque logra ser desinteresado y sacrificado, ya que está muy concentrado en sus preguntas y su viaje interiores.

La gente de Piscis también es muy emocional, lo que no necesariamente se traduce en algo expresivo. En pocas palabras, los Piscis están en sintonía con sus propios sentimientos y con los de los demás, pero es algo que contemplan sutilmente en su interior, como la mayoría de las otras cosas. Piscis es a menudo la persona que siente el dolor de los demás, pero también le encanta compartir su felicidad y alegría. Piscis también es un signo que depende en gran medida de la intuición, que suele estar muy desarrollada para los nacidos bajo este signo.

Y así, las mayores fortalezas que tiene Piscis incluyen su contemplación, empatía y madurez espiritual. Además, Piscis se destaca por compartir estas fortalezas con el mundo y brindar orientación a los demás. Junto con la creatividad, esta naturaleza es lo que los convierte en buenos artistas, especialmente poetas, pintores y músicos. Los Piscis son consejeros y orientadores naturales, y una de sus mayores satisfacciones es curar a otra persona, especialmente en el ámbito espiritual y emocional.

Como puede imaginar, la ternura, la compasión y la naturaleza emocional de Piscis también pueden ser debilidades si no se controlan. Piscis a veces puede ser demasiado sensible y tomarse las cosas en serio incluso cuando no deberían. En el caso del Piscis artístico, su preocupación con sus ideas y sueños abstractos puede hacerles perder de vista la realidad, lo que lleva a problemas financieros y de otros tipos. Sin embargo, un Piscis que persigue el estilo de vida de un artista a menudo no se preocupará por su bienestar material. Un camino de realización espiritual y emocional pasando totalmente por alto las ganancias materiales es algo que algunos Piscis elegirán conscientemente. Es una cuestión de prioridad personal y no necesariamente una debilidad. Surgirán problemas si otras personas deben depender de ellos. Uno de los mayores escollos que deben tener en cuenta los Piscis es el escapismo.

Compatibilidad

Los signos de agua y tierra son los que más le agradan a Piscis. La compatibilidad de Piscis con otros signos de agua se refleja en el nivel de comprensión emocional y una comunicación más profunda que es posible en estas relaciones. Al igual que con la mayoría de los otros signos, Piscis puede funcionar muy bien con otras personas nacidas bajo el mismo signo, pero es esta misma similitud la que eventualmente podría generar problemas. Piscis se relacionará increíblemente bien con la mayoría de los Cáncer porque comparten muchos intereses, sentimientos y estilo de vida en general. La relación entre estos dos estará llena de cuidado, compromiso y comprensión, por lo que el vínculo será profundo. Escorpio también complementa bastante bien a Piscis, sobre todo alentándolos a mostrar más iniciativa y a salir de su zona de confort.

La naturaleza emocional de Piscis y su habilidad para los conceptos filosóficos se beneficiarán de las relaciones con los signos de tierra, porque estas personas tendrán una forma de mantener a Piscis con los pies en la tierra lo suficiente como para equilibrar las cosas. Con Piscis, el práctico Capricornio aprenderá a abrazar sus propios misterios internos, lo que despertará su interés introspectivo. A cambio, Capricornio puede ayudar a Piscis a articular y materializar muchos de los conceptos filosóficos que de otra manera serían difíciles de entender. Piscis está en polaridad con Virgo, lo que puede conducir a una fuerte atracción entre opuestos o a conflictos. Tauro es otra gran combinación para una relación fuerte, especialmente en lo que respecta a la pasión y el placer, que ambos signos buscan.

Piscis tendrá problemas para llevarse bien con la mayoría de las personas que caen bajo los signos de fuego. En pocas palabras, a Piscis le gusta la privacidad y, a menudo, necesitará retirarse y disfrutar de un poco de paz y tranquilidad. Al ser impulsivos y a menudo volátiles, los signos de fuego pueden causar mucho estrés y fricción en el mundo de Piscis. El asertivo Aries, el aventurero Sagitario y el amante de la atención Leo a menudo serán más problemáticos de lo que valen la pena desde el punto de vista de Piscis. La disrupción será menos extrema con signos de aire. Piscis puede encontrar a esas personas refrescantes y altamente estimulantes, pero es probable que incluso los signos de aire sean demasiado cambiantes y agitados para el gusto de Piscis. Con el tiempo, lo que inicialmente atrae a Piscis hacia uno de los signos de aire puede fácilmente convertirse en lo que hace que se separen.

Amor

Uno de los mayores dones de Piscis es que pueden construir una relación exitosa con casi cualquier persona si están motivados para esforzarse lo suficiente. Como discutimos anteriormente, no son compatibles con todos, pero quizás sean mejores para superar diferencias que otros signos. Piscis se enamora fácil e intensamente cuando conoce a la persona correcta.

Desde el momento que inicia una relación o incluso tan pronto como siente algo por la persona, Piscis se comprometerá por completo. Esto se debe a que Piscis generalmente tiene una actitud sensata con las relaciones. No quieren perder el tiempo con aventuras o juegos sin sentido, y prefieren ponerse a trabajar de inmediato, construyendo algo que sea valioso y duradero.

Los Piscis son muy emocionales y románticos, pero su verdadera profundidad emocional se demuestra en su habilidad para comprender las emociones de los demás, especialmente de los más cercanos a ellos. Tal vez, nadie compite con Piscis en lo que respecta a cuánto sacrificarían por la persona que aman. Prácticamente no hay mucho que no harían para proteger, apoyar y apreciar a su pareja. Es raro que Piscis haga o diga algo para dejar en claro a su pareja que quiere el mismo nivel de devoción, pero eso no significa que no lo quiera.

Otras Relaciones

Basándose en esto, no debería ser difícil para usted imaginarse cómo es Piscis con sus queridos amigos y familiares. Si bien es posible que no estén tan enfocados en construir un hogar como los Cáncer, Piscis sin duda tiene un nivel extraordinario de devoción por su familia. Esto va más allá de la familia inmediata con la que podrían estar viviendo. A Piscis le gusta pasar tiempo con parientes y otros miembros de la familia extendida, por lo que espera las reuniones con ansias.

Debido a su devoción, lealtad y especialmente debido a su gran empatía, los Piscis son muy valiosos como amigos. Incluso cuando tienen sus propios problemas, Piscis es la persona que va resolviendo todos los problemas de sus amigos, dándoles los mejores consejos y siempre disponible para al menos escuchar sus problemas. Las personas que tienen un amigo Piscis cercano podrían ahorrar el dinero que usarían en un terapeuta, a menos que sus problemas sean algo más que la tristeza. Esta naturaleza cariñosa y generosa es la razón por la que Piscis se olvida de sí mismo y de sus propios problemas.

Peor aún, hay quienes buscan explotar a Piscis por su bondad. Por lo tanto, es importante que el pez practique la asertividad. Esto es algo de lo que deben tener especial cuidado en el lugar de trabajo o en diversos emprendimientos de negocios. A menos que aprenda a hacer valer sus deseos de vez en cuando y luchar por lo que se merece, Piscis puede ser pasado por alto fácilmente, y perder muchas oportunidades en el trabajo.

Trabajo

La creatividad y las habilidades sociales son quizás las principales fortalezas de Piscis más valoradas en el trabajo. Dependiendo del trabajo en cuestión, estas cualidades pueden ser de gran ayuda. Sin embargo, lo que está casi garantizado es que Piscis agradará en su trabajo porque son amables y fáciles de tratar. En general, Piscis se beneficiará de un trabajo que le permita tener cierta libertad para improvisar y ser creativos. A Piscis le irá bien en trabajos que dependan de la creatividad y la imaginación. Pero el pez disfrutará ayudando, sanando y apoyando a otros. Si bien Piscis no disfruta de una rutina estricta, tampoco les irá bien en trabajos arriesgados, de ritmo rápido o estresantes.

Piscis debe esforzarse para encontrar su trabajo perfecto. Algunos Piscis tendrán suerte en ese sentido, mientras que otros tendrán que hacer todo lo posible para adaptarse y comprometerse, al menos hasta cierto punto. La tercera opción, que Piscis elige a veces, es esencialmente crear su propio trabajo. Si pueden adaptarse a un horario agitado, a Piscis les irá bien como enfermeras, médicos u otro personal de salud. Es el cuidado de otras personas lo que atrae a Piscis a la atención médica y los hace adaptarse. Los Piscis a menudo se involucran en varias formas de terapia privada o individual.

Llevarse Bien con un Piscis

Como puede ver, llevarse bien con un Piscis no es difícil. Incluso siendo una cara completamente nueva, puede tener conversaciones personales significativas con Piscis. Le dará el tiempo y lo escucharán como si se conocieran desde hace años, y le dará los mejores consejos que pueda. Además de eso, también están más que dispuestos a ayudar a extraños con acciones concretas, de ser necesario. La disposición de Piscis para expresar libremente lo que realmente siente y piensa, ya sea positivo o negativo, también contribuye a la facilidad de interacción con este signo.

Hay dos problemas potenciales en la interacción entre Piscis y otras personas. El primero, que ya hemos discutido en profundidad, es que pueden regalar más de lo que reciben. Esta también es una de las pocas cosas de las que no hablarán abiertamente. En aras de la justicia y la bondad, es su deber asegurarse de no aprovecharse de Piscis, ya sea un amigo, compañero de trabajo o pareja romántica. El segundo problema es su naturaleza soñadora, por la cual a veces se centran más en ideas y sueños abstractos que en acciones. Esto puede ser un problema en el lugar de trabajo, pero no es nada que no pueda resolverse mediante una conversación.

Conclusión

Una vez que domine bien cada uno de los conceptos básicos de los signos, tendrá un nuevo conjunto de herramientas que le ayudarán a trazar un poco mejor su camino por la vida. Tanto las situaciones como las personas con las que se encuentre tendrán mucho más sentido cuando sabe una o dos cosas sobre las fuerzas sutiles e invisibles que nos influyen a todos tras bambalinas.

Además de toda la información sobre cada uno de los doce signos y cómo impactan en la personalidad de la gente, algo más que debe aprender de este libro es que la astrología no implica un determinismo estricto. Las influencias astrológicas que hemos discutido son en su mayoría solo eso: influencias. Pueden poner a un alma recién nacida en un camino determinado, pero las elecciones que hace esta persona y el esfuerzo que pone más adelante, aún pueden determinar el resultado.

La información que ha obtenido de este libro debería ayudarlo a comprender mejor lo que hay detrás de algunas virtudes y defectos que ve en usted mismo y en otros. Lo mismo se aplica a muchos de esos aspectos irracionales de nuestras vidas, acciones y respuestas a las experiencias, ya sean positivas o negativas.

Las interpretaciones astrológicas no pretenden desanimarlo o hacerlo renunciar a intentar cambiarse a sí mismo y a mejorar su vida. Muy al contrario, esta sabiduría ancestral le ayuda en su camino hacia el logro de sus metas, convirtiéndose en la mejor versión de usted mismo, y enriqueciendo su vida con las personas con las que es compatible. Espero que también lo ayude a comprender las relaciones que no puede elegir, entre usted y los miembros de su familia, al menos un poco mejor. Sin embargo, algunas cosas, especialmente las personas, están fuera de nuestro control, y la astrología le ayudará a aceptar eso de una manera sana y constructiva.

Segunda Parte: Signos lunares

La guía definitiva para entender su signo, las diferentes combinaciones astrológicas Sol-Luna y sus compatibilidades

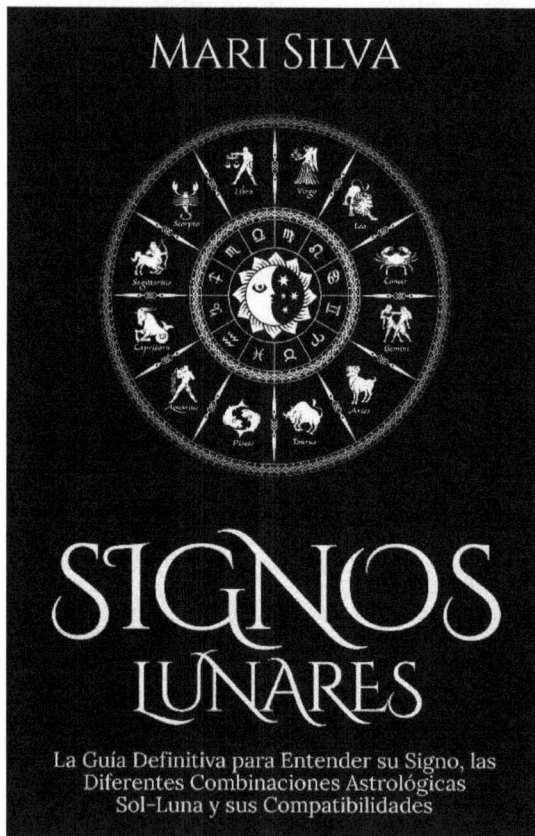

Introducción

¿Alguna vez ha leído su horóscopo zodiacal y ha pensado que la descripción no correspondía a usted? ¿O tal vez la información era completamente irrelevante para el lugar en el que se encontraba en su vida? ¿Sabía que debe mirar más allá de su signo solar? Si desea tener una visión más amplia, debe centrarse en su signo lunar.

O tal vez alguien le preguntó cuál era su signo zodiacal y de inmediato respondió su signo. Para su sorpresa, su amigo no creyó que usted fuera un Sagitario. Para él, eras Piscis o Libra.

Normalmente, alguien se refiere a su signo solar cuando una persona le pregunta: "¿Cuál es su signo?". Y aunque es perfectamente aceptable preguntar esto porque el signo solar ofrece a los demás una visión de su personalidad y de los rasgos que muestra al mundo, hay más cosas que una persona puede preguntar para hacerse una idea más clara de quién es usted.

Probablemente, las palabras de su amigo resonaron en usted y decidió que era hora de ponerse a investigar. En seguida se percató de algo llamado signo lunar, y cuanto más lo investigaba, más sentía que no era un Sagitario.

Probablemente usted no sintió que el horóscopo estaba hablando de usted en primer lugar, porque, aunque su fecha de nacimiento dice que es un Sagitario—o que su signo solar está en Sagitario— Usted es muy emocional y tiene una profunda conexión con el hecho de sumergirse en el agua y descubrir su verdadero mundo interior.

Esto sucede porque tiene la Luna en Piscis. A fin de que el horóscopo ofrezca una imagen precisa de usted, debe conocer su signo lunar, lo que no siempre está referenciado.

Sin embargo, se preguntará por qué es importante su signo lunar. Pues bien, ¿Sabía que la Luna tiene diferentes fases y que todas ellas, sin duda, alterarán su percepción haciéndole estar un poco más en sintonía con la naturaleza? ¿Sabía que las fases de la Luna incluso hacen que las mareas del océano aumenten o disminuyan?

Lo importante es que tanto los signos solares como los lunares se necesitan mutuamente para mantener un estilo de vida saludable. No se pueden excluir unos de otros. Trabajan juntos para formar su ser completo.

Aunque a primera vista parezca que la Luna se transforma constantemente y se mueve de un lado a otro, mientras que el Sol está ahí solo siendo el Sol, esto no es del todo cierto.

No es que la Luna cambie constantemente a lo largo del mes; es más bien un caso de percepción: su percepción de la Luna cambia continuamente durante el mes. De ahí que a veces vea una gran luna llena, y otras veces, no la vea en absoluto, o solo vea la mitad. No es que la Luna no esté ahí; tiene que ver más con las zonas oscuras que no están iluminadas para que pueda verlas.

Hay ocho fases lunares:

- La luna nueva es cuando la Luna no es visible en absoluto.

- El cuarto creciente es cuando hay un creciente muy fino en el lado izquierdo de la Luna.

- El primer cuarto es cuando se puede ver el primer cuarto de la Luna, también conocido como media luna.

- La luna creciente es la fase de crecimiento entre la media luna o el cuarto creciente y la luna llena. Creciente es sinónimo de aumento de tamaño o de hacerse más grande.

- La luna llena es cuando se puede ver toda la Luna.

- La luna menguante es la fase entre la luna llena y la media luna de nuevo. Menguante es sinónimo de disminución de tamaño o de hacerse más pequeña.

- El tercer cuarto es cuando la Luna vuelve a ser media. Se muestra al contrario que el primer cuarto de la Luna.

- El cuarto menguante es cuando hay una fase creciente muy fina en el lado derecho de la Luna.

La Luna tarda casi veintiocho días en orbitar alrededor de la Tierra. Cuando esto ocurra, la Luna completará su ciclo. Si divide 28 entre doce—como en doce signos solares diferentes—obtendrá 2,3: El número de días que la Luna pasará en cada signo lunar. Como resultado, la Luna también le dará un signo, que es su signo lunar.

Pero antes, empezaremos por el principio, para que quede todo muy claro.

¿Qué es un signo solar? El signo solar suele ser sinónimo de signo zodiacal, ya que la mayoría de la gente lo interpreta así. El signo solar nos indica cuál era la posición del Sol en el momento en que nacimos. En consecuencia, hay doce signos solares porque hay doce meses en un año. Una persona solo puede tener un signo solar y un signo lunar, pero eso no significa que no pueda tener características de otros signos en su carta natal.

Además, cada signo solar está regido por un planeta diferente, lo que también tendrá consecuencias directas en los rasgos de su personalidad o en sus elecciones. Por ejemplo, Géminis está regido por Mercurio, que es conocido por aportar características intelectuales a los nacidos bajo ese signo solar.

Piense en su carta natal como si estuviera tomando una fotografía del cielo y del universo, exactamente en el momento en que nació. Todos esos planetas y signos representarán su personalidad y su vida.

Entonces, ¿qué es un signo lunar? El signo lunar le indica la posición de la Luna en el momento de su nacimiento. Las principales diferencias entre los signos solares y lunares son que los signos solares mostrarán los rasgos de su personalidad y cómo es su carácter, mientras que los signos lunares mostrarán cómo es su lado emocional, qué estados de ánimo tiene, cómo maneja sus instintos y en qué comportamientos subconscientes cree.

En otras palabras, el signo solar es la cáscara exterior, y el signo lunar es la cáscara interior.

Por ejemplo, Tauro es apasionado, extrovertido y ama el placer y las cosas relacionadas con la tierra. Si un Tauro tiene la Luna en Piscis, se volverá introspectivo, disfrutará de los deseos expresados en sus sueños y se centrará más en las profundidades interiores de su personalidad.

Sin embargo, si un Tauro tiene un signo lunar diferente, mostrará un conjunto de características distintas a las de un Tauro Piscis. Esto los hará más únicos que nunca.

Otra diferencia básica entre los signos solares y lunares es esta: Si desea conocer su signo solar, solo necesita saber su fecha de nacimiento. Si desea conocer su signo lunar, necesita saber su fecha de nacimiento, la hora y el lugar en que nació.

Esto se puede explicar de forma sencilla: El Sol suele tardar más tiempo, más exactamente, treinta días en pasar de un signo estelar —o signo solar— al siguiente, pero la Luna se mueve más rápido que el Sol, y solo permanecerá en un signo concreto durante dos días y medio cada vez. Por lo tanto, es más difícil descubrir el signo lunar porque se necesita información más detallada para obtener una lectura precisa.

¿Cómo puede una persona calcular su signo lunar? Puede encontrar su signo lunar utilizando un programa en línea o una tabla especial que le permitirá ver por dónde pasaba la Luna en el momento de su nacimiento.

Al hacerlo, primero tendrá que escribir cuándo nació. Escriba la fecha, el mes y el año. Puede utilizar muchas calculadoras en línea, y también puede contactar con un astrólogo para que le ayude.

Necesita toda esta información porque la posición de la Luna depende totalmente del lugar en el que haya nacido. Si ha nacido en Asia, su Luna estará en una posición, y si ha nacido en Sudamérica, su Luna estará en otra. Si no dispone de esta información, siempre puede poner el lugar más cercano o la hora que crea conveniente. No le dará una descripción exacta, pero podría ayudar de todos modos.

El resultado que obtendrá es su carta natal. En ella, usted descubrirá su signo lunar, pero pronto se dará cuenta de que hay muchas "casas". Estas son las que representan diferentes áreas o etapas de la vida. También le ofrecen una visión de cómo responder a esas situaciones y expresar sus emociones.

Por ejemplo, una persona con la Luna en Sagitario en la novena casa probablemente se sentirá muy bien cuando explore con éxito algo nuevo y se convierta en un maestro. Esto se debe a que la casa nueve representa la expansión, y el planeta Júpiter, que es conocido por todo lo grande, también rige a Sagitario.

Este es un aspecto importante dentro del mundo de la astrología porque usted es un individuo al que le gusta diferenciarse del resto de la multitud. Pero primero debe descubrir sus signos solares y lunares para hacer el resto de su carta natal.

Conocerse a usted mismo es un proceso interminable en el que constantemente aparecen y se agitan partes de su pasado. Sin embargo, también le ofrece la oportunidad de ver cómo puede dar forma a su futuro, empezando ahora mismo. Cuando sea consciente de su signo lunar, notará un lado diferente de usted, y ampliará su perspectiva ante la vida y formará conscientemente su camino.

Es justo decir que todos los seres humanos tienen diferentes formas de experimentar la vida. Todos están construidos con una amplia gama de características que dan forma a toda su existencia. Tienen diferentes puntos fuertes y débiles, y casi todos intentan activamente comprender por qué se comportan como lo hacen.

Cada signo solar del zodíaco tiene sus características, por lo que no es sorprendente encontrar estos conjuntos de rasgos en los signos lunares. Por ejemplo, la Luna en Aries significa que la persona es muy apasionada y tiene mucha energía para atravesar las situaciones más difíciles de la vida. O si tiene la Luna en Virgo, lo más probable es que sea muy ocurrente e inteligente, y que prefiera prestar atención a los detalles más pequeños en lugar de fijarse en la imagen más grande.

Una vez que reconozca quién es realmente, qué quiere en la vida y qué necesita mejorar, también se dará cuenta de quién es y cómo se está convirtiendo en usted mismo, y conocer su signo lunar puede ayudarle a conseguir todo esto.

Entonces, ¿qué son los signos lunares? ¿Por qué son importantes en la astrología moderna? ¿Qué nos dicen sobre nuestra personalidad y nuestra forma de ver la vida? Aquí aprenderá sobre las diferentes y posibles 144 combinaciones entre los signos solares y lunares.

Esta información es relevante para cualquier viaje interior, ya que pronto descubrirá si su signo solar y lunar están en paz o si hay fricción entre ellos. Los signos del Sol y de la Luna pueden complementarse entre sí o no funcionar juntos en absoluto. De ahí que las personas tengan más problemas para superar ciertas situaciones de su vida porque su signo solar y lunar no están equilibrados.

Como resultado, quizás algunas combinaciones de signos solares y lunares sean excelentes, mientras que otras probablemente se enfrentarán a situaciones más difíciles.

Como su título indica, este libro es una guía definitiva para entender su signo, las diferentes combinaciones astrológicas Sol-Luna y la compatibilidad. Si realmente quiere saber cómo es su personalidad y, sobre todo, por qué es así, necesita conocer sus signos solares y lunares.

Una vez que haya reunido esta información, podrá trabajar para mejorarse a sí mismo. Puede mejorar las diferencias entre ambos signos, y puede unirlos entre ellos con fuerza. Es importante que sea consciente de todas las partes de su carta natal, no solo del signo solar y lunar.

Si ya ha descubierto el mundo que hay detrás de los signos solares, ha llegado el momento de saltar a los signos lunares. Este libro le guiará por este universo alternativo lleno de información.

¿Ya está preparado? Es hora de viajar a la Luna.

Capítulo 1: Luna en Aries

Símbolo: El carnero

Elemento: Fuego

Cualidad: Cardinal

Casa gobernante: Primera

Planeta regente: Marte

Breve explicación de la Luna en Aries

Aries es el primer signo del Zodíaco. Por ello, marca el camino a seguir por el resto de los signos. Si tiene la Luna en Aries, es probable que sea un individuo fogoso e impulsivo que realmente sabe lo que quiere y cómo conseguirlo.

Aries es un signo cardinal, y esto significa que le gusta poner las cosas en movimiento. Es un líder nato, y una de sus mayores cualidades es ser el primero en hacer muchas cosas en la vida.

Como Luna en Aries, a menudo sentirá que necesita algo más, aunque no lo necesite en absoluto. Se trata más bien de cumplir con algo o de lograr algo. Por lo general, la Luna en Aries le hará sentirse emocionalmente satisfecho cuando esté atravesando un momento emocionante o un cambio.

La Luna en Aries es la que da impulso al resto de los signos. Sin embargo, también es probable que se precipite a hacer cosas porque no se detiene a pensar: ¿Qué voy a hacer? Solo lo hace.

El planeta Marte rige a Aries, que, a su vez, es el planeta que está detrás de los guardianes y del comportamiento agresivo. Como resultado, muchos Aries sienten que son temperamentales sin razón o que les gusta librar batallas innecesarias todo el tiempo.

Por último, Aries siempre dirá "sí" a las aventuras, las ideas y las actividades. Su Luna le hará explorar áreas desconocidas de la vida, y hará que todos los demás le sigan con su personalidad fogosa e increíblemente encantadora.

La Luna en Aries y sus rasgos de personalidad

Puntos fuertes de la Luna en Aries

Es un líder activo y nato

Como Luna en Aries, nunca les dirá a otros que hagan algo sin haberlo hecho usted primero. Por lo tanto, es un líder sobresaliente porque también es consciente de la influencia que tiene en los demás.

Otro aspecto importante de ser un líder activo es que supera fácilmente los obstáculos, mientras que otros pueden pensar que es imposible atravesarlos. Si tiene una situación difícil y no sabe qué hacer, Aries puede resolverla por usted.

Tiene confianza en sí mismo

Su Luna en Aries hará que siempre crea en sí mismo y que se sienta orgulloso de lo que hace. El hecho de poseer la Luna en Aries hace que usted conozca su valor, y que su autoestima sea saludable.

Irradia energía positiva

Incluso en los momentos más oscuros, los miembros de la Luna en Aries siempre sonreirán. Por lo tanto, usted pensará que es necesario pasar por situaciones problemáticas porque es la única manera de aprender a salir de la tormenta.

La Luna en Aries es un signo muy activo. Por lo tanto, también transmite energía positiva hacia todo lo que hace.

Es un ser humano creativo

Las personas con Luna en Aries siempre encontrarán algo emocionante que hacer, incluso si ya han hecho lo mismo un millón de veces. Son tan únicos que se les ocurren grandes ideas que otras personas a veces no entienden.

Debilidades de la Luna en Aries

Se enfada con facilidad

¿Pero puede culparse a sí mismo? Es el primer signo del zodiaco, pero también es un signo de fuego y cardinal. Por supuesto, se enfadará en cuanto se le presente la oportunidad. Sin embargo, diferentes signos lunares ayudarán a una Luna de Aries a superar este problema, o al menos a trabajar en él.

Es muy impaciente

Una persona con la Luna en Aries quiere que todo esté hecho para ayer. No descansará hasta lograr sus objetivos, y se impacientará más que nunca si los obstáculos se interponen en su camino. La Luna en Aries quiere todo con la misma rapidez y no le importará apartar a los demás para conseguir todo lo que ha imaginado.

Es muy egoísta

Las personas con Luna en Aries no se caracterizan por sus actos desinteresados, sino todo lo contrario. Por lo general, si se trata de alguien de Luna en Aries detrás de algo, es porque puede obtener algo de ello.

Le gusta la atención

Los Aries también son buscadores de atención, lo que hace que se sientan frustrados cuando nadie les presta atención, ni a lo que hacen o dicen. Casi parece que su Luna en Aries necesita ser el centro de atención, o no actuará en absoluto.

La Luna en Aries y su compatibilidad amorosa

La Luna en Aries es un líder valiente que ama la libertad y el amor. Independientemente de la ubicación de su Sol o Luna, este signo de fuego suele tener compatibilidad amorosa con otros signos lunares de fuego (Leo y Sagitario) o de aire (Géminis, Libra y Acuario).

Como Luna en Aries, es probable que reconozca estos rasgos. Necesita a alguien que pueda ponerse a su altura con facilidad, alguien que le anime a convertirse en un líder y que siempre le cubra las espaldas. Sin embargo, también necesita a alguien que no tenga miedo de decirle cuando está cometiendo un error, aunque esta acción pueda traer futuras discusiones entre los dos.

La Luna en Aries le hará tener fuertes peleas con sus seres queridos; aun así, defenderá sus argumentos pase lo que pase. En cuanto esas situaciones se desvanezcan, tendrán mucho tiempo para reconciliarse y amarse.

La Luna en Aries es la que se sumerge primero en las nuevas relaciones amorosas. Es como si le dijeran que no debe tener miedo de lanzarse hacia encuentros emocionantes. Sabe que un amigo también puede convertirse en algo más.

La Luna en Aries es menos compatible con la Luna en Cáncer. La Luna en Cáncer pensará que la Luna en Aries es una persona alejada de la realidad, alguien que no quiere trabajar a su lado para lograr una relación más saludable, y quizás usted no lo haga. Pero no querrá que se lo digan. Por otro lado, la Luna en Aries pensará que Cáncer es demasiado pegajoso y que necesita espacio, lo cual no es una buena combinación.

Aries como signo solar y los diferentes signos lunares

Sol en Aries + Luna en Aries

Si hay un signo que realmente simboliza el fuego, es Aries. Así que, ¿puede imaginar cómo es un doble Aries ya que usted es uno? Fuego por todas partes. El doble Aries es una persona luchadora, por lo que dirá todo como es—o al menos como lo ve—y no tendrá miedo de decir lo que piensa, a veces incluso más alto que el resto.

Como doble Aries, tiene una intensidad emocional como ningún otro signo. A veces, ni siquiera es consciente de esta poderosa combinación y de cómo puede llegar a los demás. Por lo tanto, puede herir los sentimientos de otra persona sin saberlo.

Sol en Aries + Luna en Tauro

La Luna en Tauro aporta una sensación de arraigo al signo solar de Aries. La Luna en Tauro le hace más paciente, por lo que se encuentra perfectamente cuando debe esperar, ya que lo considera parte de la vida.

Casi parece que la Luna en Tauro le insta a ir más despacio y a mirar a su alrededor para abrazar la naturaleza y sus cambios. Además, como Tauro viene justo después de Aries, quizás el toro ya sabe qué esperar de usted: fuego y más fuego.

Sol en Aries + Luna en Géminis

El Sol en Aries y la Luna en Géminis significan que le gusta conversar. Cuando estos dos signos se combinan, se convierte en alguien expresivo, y no tiene miedo de decir lo que piensa.

Además, Géminis es un signo de aire, por lo que el aire que huye puede calmar la intensidad de su fuego de Aries. De ahí que tenga un estilo de comunicación más relajado y sincero. Pero puede ocurrir lo contrario, y su Aries tendrá un fuego más fuerte en poco tiempo, lo que generalmente se traduce en que es directo y no teme decir la verdad.

Sol en Aries + Luna en Cáncer

Cuando la Luna en Cáncer aparece en Aries, usted puede ser profundamente sensible. De ahí que persiga sus emociones demasiado de cerca y que a veces evite ver el panorama general.

Además, la combinación depende en gran medida de sus emociones diarias. Si un sentimiento es demasiado fuerte o no tiene las herramientas adecuadas para entenderlo, también puede traer mucha frustración y resentimiento.

Sol en Aries + Luna en Leo

Esta combinación es una alerta de temperamento intenso. Lo mejor sería que hiciera ejercicio como método para liberar su fuego y sus energías. Usted está orgulloso de su nivel de intensidad y de lo que puede lograr con él.

Sin embargo, también es una persona a la que le gustan las cosas a su manera, con poco o ningún espacio para el compromiso. Solo se mira a sí mismo y puede quedar atrapado en sus llamas. Esto podría ser una situación problemática para algunos, pero usted parece encontrar su camino siempre.

Sol en Aries + Luna en Virgo

Le gusta ayudar a los demás. A veces incluso se olvida de sí mismo, para asombro de otras combinaciones de Aries. Los Virgo se olvidan regularmente de sus emociones. Por lo tanto, podría haber una lucha constante entre su Sol en Aries y la Luna en Virgo.

Aries necesitará recordarle que está bien cometer errores, ya que Virgo puede convertirse en un signo hipercrítico consigo mismo o con los demás.

Sol en Aries + Luna en Libra

Estos dos signos son los primeros signos opuestos en la rueda del Zodiaco. Casi siempre están tratando de equilibrar lo que sienten, sus deseos y lo que les gustaría compartir con los demás. Dentro de esta combinación, el signo del Sol o de la Luna hará que el otro se sienta seguro.

Una Luna en Libra suele ser alguien que cuida de los demás y es algo con lo que su Sol en Aries no está muy familiarizado. No solo quieren ayudar a los demás, sino que también lo hacen sin esperar nada a cambio. Esta entrega intencionada y gratuita es algo nuevo para usted.

Sol en Aries + Luna en Escorpio

Hablando de una poderosa y sexy combinación de signos. Estos dos signos son seres altamente sexuales, y no debería sorprenderse, ya que le encanta experimentar cosas nuevas en el dormitorio.

Saben cuándo confiar en su intuición en todos los niveles. Aun así, también sentirá la necesidad de innovar, por lo que esta combinación aporta lo mejor de dos mundos, lo que hay en el interior y cómo puede avanzar y convertirse en un líder.

Sol en Aries + Luna en Sagitario

Si hubiera una combinación de signos a los que les gusta viajar lejos, sería esta. Por eso es probable que esté volando con su doble de fuego. Estos dos signos le hacen ser lo más ecléctico posible, y no tiene miedo de demostrarlo.

Siempre aspira a más. No le basta con viajar. Necesita aprender el idioma, vivir con los lugareños y descubrir muchas otras joyas ocultas que el resto del mundo desconoce. Cuanto más lejos pueda llegar, más implicado estará.

Sol en Aries + Luna en Capricornio

Esta combinación podría presentar contratiempos, principalmente porque siempre hay una lucha entre Aries que no es consistente y Capricornio que intenta ser constante con todo lo que hace. Como resultado, su Luna en Capricornio puede tomar la delantera sobre su Sol en Aries, y convertirse en un adicto al trabajo o muy dependiente de algo.

Capricornio disparará la intensidad de Aries hasta el techo, y tendrá deseos incesantes de triunfar y hacerse de un nombre. Por último, es importante que usted exprese sus emociones sin sentirse culpable.

Sol en Aries + Luna en Acuario

Esta combinación es intensa y le gusta hacer las cosas. Aries tiene una pasión que a Acuario le encanta. Además, Acuario necesita ayudar a los demás a nivel humanitario, y Aries nunca se ha cruzado con eso.

Como persona nacida con estos dos signos, es probable que sea una persona directa cuyas llamas se dirigen a resolver los problemas más grandes que siempre encontrará. Es muy independiente, y a veces le resulta difícil dejar entrar a los demás y disfrutar de su compañía.

Sol en Aries + Luna en Piscis

Si posee esta poderosa combinación, lo más probable es que sea una persona muy espiritual que siempre trata de encender el fuego interior que todo el mundo tiene. Es probable que este Aries sea más vulnerable que otros, principalmente debido a su Luna en Piscis, que le hace derramar su alma.

Una persona de Aries con Luna en Piscis es alguien que disfruta siguiendo sus instintos y que no mirará a su alrededor para ver lo que hacen los demás. Solo avanzará nadando hacia sus objetivos.

Capítulo 2: Luna en Tauro

Símbolo: El toro

Elemento: Tierra

Cualidad: Fijo

Casa gobernante: Segunda

Planeta regente: Venus

Breve explicación de la Luna en Tauro

El toro es conocido por ser un animal enérgico en una lucha constante entre estar relajado o listo para la acción.

La Luna en Tauro le hace luchar con estos sentimientos porque, por un lado, es muy independiente y confiado en lo que hace. Por otro lado, suele ser muy testarudo y pedir ayuda no es algo que esté acostumbrado a hacer.

Si la Luna en Aries se caracteriza por su liderazgo, la Luna en Tauro hace que usted sea el que planifica e invita a los demás a participar en lo que se avecina. Si tiene la Luna en Tauro, es probable que siempre esté buscando su verdad.

A veces puede estar tan decidido a hacer algo que no le importará alejar a las personas, los lugares o las situaciones de sí mismo si eso significa que logrará lo que se ha propuesto.

Además, Tauro pertenece a la cualidad de los signos fijos. Esto puede resumir lo que desea para su vida: un hogar, seguridad y estabilidad. Si hace algo, es porque tiene ganas de hacerlo. Si ayuda a alguien, es porque quiere hacerlo de verdad.

La Luna en Tauro es muy sensual, y es perfectamente normal que se sumerja en un mar de exploraciones sexuales a lo largo de su vida. También es común que la Luna en Tauro sea la roca de los demás. Usted es muy fiel a lo que es y a lo que quiere llegar a ser.

La Luna en Tauro y sus rasgos de personalidad

Puntos fuertes de la Luna en Tauro

Es organizado

Si alguna vez necesita hacer algo rápidamente, llame a alguien con Luna en Tauro. Probablemente sabrá qué y cómo hacerlo en un abrir y cerrar de ojos.

Por lo tanto, es usted muy organizado. Sabe cuándo debe cumplir sus sueños porque solo usted es responsable de su éxito en la vida.

Es consistente

Si una persona Tauro se cae nueve veces, es probable que se levante diez, si no más.

Esta Luna le convierte en un sabelotodo, pero solo porque disfruta de su camino de aprendizaje, ya que quiere convertirse en alguien a quien los demás admiren. Si alguna vez se siente perdido, es gracias a su Luna en Tauro; sin embargo, rápidamente retomará su camino. No importa cuántas veces ocurra esto, usted es sincero consigo mismo.

Es directo y sincero

Al ser de la Luna en Tauro no le da miedo decir lo que piensa. Anima a los demás a hacerlo también. La Luna en Tauro hace que tenga un poderoso impacto en los demás, y suele aprovechar esto para influir positivamente en otros.

Es paciente

Las personas con la Luna en Tauro saben cuándo es el momento adecuado para actuar. Busca las oportunidades adecuadas y aprovecha el momento. Esta característica, unida a la capacidad de organización, puede hacer que alguien con Luna en Tauro llegue lejos en la vida, sobre todo cuando no descansa hasta alcanzar el éxito.

Debilidades de la Luna en Tauro

Es temperamental

La Luna en Tauro le hace tener un fuerte temperamento. Es normal que se enfade y cause problemas, aunque no tenga razón. Es normal que una persona con Luna en Tauro se vea envuelta en peleas, sobre todo si está defendiendo sus puntos de vista o a alguien menos favorecido en la vida.

Es testarudo

Esto es algo relativamente normal en un Tauro, pero la Luna en Tauro aporta más terquedad. Además, el signo de Tauro es un signo fijo, por lo que parece que siempre intenta demostrar su punto de vista. Pero, independientemente de lo que los demás puedan pensar al respecto, usted pisará fuerte.

A menudo se separa del resto

En ocasiones, la Luna en Tauro puede ser demasiado distante. Por lo tanto, se pondrá a sí mismo en primer lugar, y luego está el resto del mundo. Puede parecer emocionalmente distante o incluso desinteresado respecto a lo que le rodea.

No le gustan los cambios

Más a menudo de lo que le gustaría admitir, su Luna en Tauro le hará sentir como si los cambios fueran demasiado difíciles de atravesar. Puede pensar que se está protegiendo de los problemas, por lo que prefiere evitar los cambios recientes. Si los demás le imponen un cambio y usted no está de acuerdo con él, el infierno podría desatarse en cuestión de segundos.

La Luna en Tauro y su compatibilidad amorosa

Una persona con Luna en Tauro es alguien que valora la seguridad, sabe lo que quiere y piensa que la vida debe ser siempre agradable. Independientemente de la ubicación de su Sol o Luna, este signo de tierra suele tener compatibilidad amorosa con otros signos lunares de tierra (Virgo y Capricornio) o de agua (Piscis, Cáncer, Escorpio).

Alguien de Luna en Tauro necesita a una persona que le haga sentir atractiva la vida, que tenga un fuerte impulso interior para ser mejor persona y que no tenga miedo de escucharle y unirse a su causa.

Es probable que la Luna en Tauro vaya hasta el fin del mundo si eso significa que protegerá y defenderá su forma de pensar. Es tan obstinado que ni siquiera le importará perder amistades por el camino si se mantiene comprometido con la verdad.

La Luna en Tauro es la que busca la sensualidad y la química sexual con los demás. Cuando comienzas una nueva relación amorosa, especialmente no tiene miedo de abrazar su sexualidad, ya que significa que tendrá mucho tiempo para explorar con otra persona.

La Luna en Tauro es menos compatible con la Luna en Sagitario. El signo de fuego probablemente querrá viajar por el mundo o explorar nuevas culturas. En cambio, a Tauro le gustaría explorar su zona de seguridad, le guste o no a Sagitario. Sagitario también puede sentir que se ha comprometido al estar en una relación con Tauro, pero el toro probablemente pensará que Sagitario nunca hace lo suficiente para que la relación progrese.

Tauro como signo solar y los diferentes signos lunares

Sol en Tauro + Luna en Aries

Existe una interesante química entre estos dos signos. Aunque Tauro acompaña a Aries, este último es impaciente y Tauro siente la necesidad de alejarse más rápido que nunca.

Tener la Luna en Aries significa que Tauro está más en contacto con su fuego, y sus emociones podrían salir a la superficie. Esto es algo realmente importante, especialmente si Tauro esconde sus sentimientos o si se recluye demasiado emocionalmente.

Sol en Tauro + Luna en Tauro

Un doble Tauro es una de las personas más obstinadas de la Tierra. Sin embargo, estos signos le convierten en una de las personas más firmes y fiables que puede conocer. Tiene mucha confianza en sí mismo y tratará constantemente de mejorar su vida.

Ser un doble Tauro es como tener doble diversión, doble compromiso y doble terquedad. Usted no descansará en absoluto hasta materializar sus sueños. Sin embargo, deberá tener cuidado cuando pase demasiado tiempo solo, ya que de vez en cuando se esconde del resto del mundo.

Sol en Tauro + Luna en Géminis

Hay un equilibrio único en esta combinación. Por un lado, su Sol en Tauro es conocido por trabajar muy duro todo el tiempo. A Géminis le encanta comunicar todo lo que puede, por lo que siempre se moverán hacia el logro de sus objetivos de vida juntos.

La energía de este dúo es increíble, principalmente porque su Luna en Géminis ayuda a Tauro a sentirse más tranquilo con las decisiones que tiene que tomar. Sin embargo, el toro ayudará a Géminis a sentirse más seguro de sí mismo dándole un impulso muy necesario.

Sol en Tauro + Luna en Cáncer

Esta mezcla tiene un gran potencial para convertirte en un gran amigo y en un amante apasionado. Cáncer es el que ama nutrir y hacer que los demás se sientan bienvenidos; Tauro es el que disfruta recibiendo toda la atención, y es perfectamente consciente de ello.

Además, el signo de agua puede hacer que Tauro se sienta aún más aventurero en lo que respecta a saltar a territorios desconocidos, aunque con la certeza de que al final regresará a casa, donde pertenece.

Sol en Tauro + Luna en Leo

Estos dos signos son energías fijas, y esto puede ser extrapolado por su personalidad. A veces usted anhela la atención; otras veces, se la dan. Mientras que Leo es un signo dramático y le hace querer ser el centro del mundo, siempre existe la posibilidad de una guerra entre estas dos formas de pensar.

Es leal a quienes le rodean, y aunque parezca que es duro por fuera, es suave por dentro. Conoce bien sus puntos fuertes, y sus debilidades le hacen ser humilde.

Sol en Tauro + Luna en Virgo

Es una persona muy curiosa que tiene una mente inquisitiva. Por naturaleza, es la definición perfecta de lo que es un signo de tierra: con los pies en la tierra. Le encanta servir a los demás y trabaja activamente para conseguir sus objetivos.

Virgo hará que el Tauro se sienta seguro en lo que respecta a los sentimientos, por lo que tratará de expresar cómo ve realmente la vida y cuánto se preocupa por sus seres queridos.

Sol en Tauro + Luna en Libra

Venus rige ambos signos, por lo que es alguien que tiene una increíble y vibrante energía amorosa. Es el mejor amigo de todo el mundo; le encanta relacionarse con los demás y es muy sociable.

La parte genial de la combinación entre el Sol de Tauro y la Luna de Libra es que todas sus características se alinean con los intereses de sus signos. Es un artista por excelencia, un chef o incluso un padre o una madre. Todo lo que hace, lo hace con enormes cantidades de amor.

Sol en Tauro + Luna en Escorpio

Tener la Luna en Escorpio probablemente le haga sentir todo con más fuerza; es probable que sus niveles de intensidad suban mucho a veces. Esto se debe a que Tauro es muy terco y constante; Escorpio es el apasionado que también puede ser terco y constante.

Como signo de agua, Escorpio hará que Tauro salga de su zona de confort, ya que solo así podrá crecer. Además, Tauro aportará estabilidad emocional a Escorpio, por lo que se convierten en una poderosa combinación.

Sol en Tauro + Luna en Sagitario

Esta combinación hace las preguntas más importantes por adelantado sin dudar de sus intenciones. Se destaca por ser aventurero, tener los pies en la tierra y ser un excelente contador de historias. La Luna en Sagitario impulsará a su Sol en Tauro a salir de su zona de confort. Por el contrario, Tauro aportará energía con más fundamento a la vida de Sagitario.

Un signo tratará de imponer su forma de ver la vida al otro. Como resultado, existe la posibilidad real de tener una lucha interna persistente porque ambos lucharán con fuerza por su atención, pase lo que pase.

Sol en Tauro + Luna en Capricornio

Si estos dos signos se mezclan, lo más probable es que no solo sea el jefe, sino que sea muy mandón. Tauro siempre está trabajando duro para tener una cuenta bancaria saludable, y la Luna en Capricornio siempre está invirtiendo tiempo y esfuerzo en mejorarse a sí misma.

Usted está completamente centrado en su carrera y en su estatus social. Puede tener problemas para navegar por sus emociones, por lo que es aconsejable explorar sus sentimientos.

Sol en Tauro + Luna en Acuario

Cuando estos dos signos se combinan, se esforzarán por lograr la justicia en el mundo, o al menos en su interior. Acuario aporta una energía humanitaria que Tauro nunca ha experimentado, y el toro le dará al signo de aire un importante empujón también.

Acuario comprende la importancia de trabajar juntos, algo que Tauro aún está aprendiendo. Sabe que debe trabajar primero en sí mismo para ayudar a los demás en una etapa posterior.

Sol en Tauro + Luna en Piscis

La Luna en Piscis siempre significa que la persona es muy empática con los demás. Esta Luna también hará que su Sol en Tauro disfrute hablando con los demás, y que sea una persona que ha comprendido su verdadera forma de ser y que honra el camino de su vida.

Esta combinación es enérgica, pero también es flexible con todo lo que la vida le depara. Piscis es un signo mutable, así que esta Luna ayudará a Tauro a ser menos rígido o fijo y a estar más en sintonía con sus necesidades personales.

Capítulo 3: Luna en Géminis

Símbolo: Los gemelos

Elemento: Aire

Cualidad: Mutable

Casa gobernante: Tercera

Planeta regente: Mercurio

Una breve explicación de la Luna en Géminis

Cuando ocurre una Luna en Géminis, suelen ser los individuos más ingeniosos y divertidos. Son los que no tienen miedo de entrar en una habitación llena de extraños y hacer que todos recuerden quiénes son al final de la noche.

La Luna en Géminis le hará dueño del lugar en el que se encuentre, ya que hará que la gente le quiera. Como resultado, formará conexiones profundas con los demás casi de inmediato.

Este signo lunar le hace consciente de su popularidad, pero también sabe que no va por ahí pidiéndola. Si le pregunta a los demás cómo llegó a ser tan popular, probablemente no sabrán qué decirle porque solo le quieren tal y como es.

Se adapta fácilmente a cualquier situación, grupo de personas o desafío que se le presente. Parece que los gemelos de Géminis tienen dos pares de ojos, cerebros, manos y almas dondequiera que vayan. Pueden visualizarlo todo, son conscientes de lo que ocurre a su alrededor y parecen tener los pies sobre la tierra.

A la Luna en Géminis también le gusta hablar. Este signo está regido por Mercurio, que, como es lógico, es el planeta de la comunicación. Cuando Mercurio está retrógrado, es cuando más lo notará, independientemente de que la energía sea positiva o negativa.

Como resultado, la Luna en Géminis siempre sabe cuándo comunicar algo, aunque a veces se olvida de cómo decir las cosas de forma agradable. Con Géminis, todo es blanco o negro, de día o de noche. Piensa demasiado, habla demasiado y hace demasiado.

La Luna en Géminis y sus rasgos de personalidad

Puntos fuertes de la Luna en Géminis

Es energético

La Luna en Géminis parece tener su energía en niveles altos todo el tiempo. Teniendo en cuenta que se trata de un signo mutable, cambiará de forma para ofrecer resultados energéticos continuamente.

Sabe que necesita trabajar para lograr sus objetivos, y a veces este sentimiento es tan fuerte que no puede dejar de actuar o hacer las cosas que le llevarán al siguiente nivel.

Se adapta fácilmente a las nuevas situaciones

Tal vez la combinación entre el signo de los gemelos y su planeta regente, Mercurio, le haga adaptarse a situaciones diferentes e incluso desafiantes.

Una verdadera Luna en Géminis se adapta a personas, situaciones y lugares como ningún otro signo. A veces sus relaciones más cercanas se preguntarán si es realmente así o si está montando un espectáculo porque le encanta sorprender a la gente.

Sabe que el cambio es inevitable, así que debe estar preparado para ello.

Su imaginación se desborda

Su mente nunca se detiene y siempre está haciendo algo creativo y artístico. Cuanto más creativo sea, mejor.

A la Luna en Géminis le encanta que los demás le escuchen o que vean con asombro lo que ha creado. Se espera de usted que desarrolle las mejores ideas o historias, que cree nuevas tendencias y que se exprese de un millón de maneras diferentes.

Es inteligente desde el punto de vista emocional

La Luna en Géminis sabe cómo leer el estado de ánimo de otra persona sin tener que preguntar. Es consciente de lo que los demás esperan de usted, pero tampoco le importa.

Comprende que su estado de ánimo es siempre cambiante y muestra su verdadera personalidad a lo largo del día. También es empático y se asegura de que todos se sientan seguros, al menos cuando están cerca de usted.

Debilidades de la Luna en Géminis

No saber cuándo parar

No puede dejar de hablar. No puede dejar de sentir. No puede dejar de ser creativo. Esta Luna es un signo que no para, lo que puede ser agotador para usted y los que le rodean. Casi parece que su mente está en una carrera constante con el resto de su cuerpo.

Es común que la Luna en Géminis le haga sentir que todo el peso está sobre sus hombros porque usted mismo ha creado esta situación. Es parte de lo que usted es.

Necesita comunicarlo todo

A menudo, no sabe permanecer en silencio. Esto podría ser un verdadero problema, especialmente cuando trabaja o tiene una relación con un signo lunar más tranquilo y serio.

La Luna en Géminis le hace pensar que todo el mundo está dispuesto a escucharle y que todos quieren hacerlo. A menudo se pregunta si puede acallar su mente.

Evita el compromiso

Para usted, el amor es un compromiso. La Luna en Géminis será la primera en hacerle saltar cuando alguien le pida una cita, pero también será la primera en zafarse cuando su relación amorosa se dirija a lugares más comprometidos e interesantes.

El compromiso no es imposible bajo la Luna en Géminis, pero se necesita trabajo de su parte para superar estas creencias limitantes. Esto suele ser una lucha para las personas nacidas bajo este signo, ya que ni siquiera son conscientes de que reaccionan de cierta manera.

Oculta sus verdaderos colores

Tal vez sea porque es un signo mutable y porque son los gemelos. Cuando uno de los gemelos está cansado o no está de humor, el otro puede intervenir fácilmente. Como resultado, a veces puede ser difícil entender quién es realmente la Luna en Géminis.

Es normal que un día se convierta en un experto en algo, y al día siguiente, pregunte a los demás las cuestiones importantes porque, según usted, no sabe nada. Siempre está yendo y viniendo, no solo con respecto a usted mismo, sino también con respecto a su vida.

La Luna en Géminis y su compatibilidad amorosa

La Luna en Géminis le convierte en alguien que valora la creatividad, las comunicaciones claras y la capacidad de expresar emociones. Independientemente de la ubicación de su Sol o Luna, este signo suele tener compatibilidad amorosa con otros signos lunares de aire (Libra, Acuario) o de fuego (Aries, Leo, Sagitario).

La Luna en Géminis hace que necesite a alguien que pueda comunicarse como usted, que tenga un fuerte impulso interior para explorar nuevas profundidades y que no tenga miedo de escucharle y hacer las preguntas importantes.

Con la Luna en Géminis usted será muy bueno para describir sus sentimientos, pero no tanto para sentirlos; por lo tanto, necesitará a alguien que le ayude a sentir mucho.

La Luna en Géminis le inspirará para ser el primero en comunicar sus pensamientos y luego hacer el resto. No tiene miedo de sus ideas locas. Al contrario, cuanto más raro y salvaje sea, más se sentirá atraído por una persona, como una verdadera Luna en Géminis. Estos sentimientos podrían compartirse mejor con una persona con Luna en Sagitario.

Por el contrario, una Luna en Géminis es menos compatible con un signo lunar de tierra. El signo de tierra probablemente querrá quedarse donde está, con toda la comodidad del mundo. Sin embargo, la Luna en Géminis siempre está dispuesta a conquistar la próxima aventura.

En el terreno romántico, la Luna en Géminis y una Luna en Capricornio podrían pasar por su día de desfase, su Luna le hará mirar hacia otro lado cuando la Luna en Capricornio le recuerde constantemente que debe ser más serio.

Géminis como signo solar y los diferentes signos lunares

Sol en Géminis + Luna en Aries

Esta combinación es un individuo de mentalidad fuerte, seguro de sí mismo y de respuesta rápida. Sabe lo que quiere, y lo gritará para que el mundo escuche exactamente lo que es. El fuego se apodera de estos momentos, y es emocional y comunicativamente ardiente.

Tiene una fijación con la acción, aunque esa fijación puede hacer que cambie sus objetivos cada dos meses debido a la cualidad de su signo de ser mutable. Los Gemelos ven esto en su homólogo de fuego y están completamente encantados de perseguir continuamente ese cambio de mentalidad.

Sol en Géminis + Luna en Tauro

Es muy paciente y su Luna en Tauro hace que sea probable que se lo piense dos veces antes de decidirse. Se diferencia completamente del predecesor del toro, Aries. La Luna en Tauro suele mostrar una fuerza de tierra firme y se complementa muy bien con Géminis.

Estos dos signos aportarán una fuerza equilibrada a su vida porque la Luna en Tauro hace que los gemelos se pongan en marcha y hagan lo que hay que hacer. Los gemelos también hacen que el toro se comunique más sanamente, ya que Tauro puede ser alguien que se cierra a los demás.

Sol en Géminis + Luna en Géminis

Esta combinación podría presentarle problemas. Tiene dos conjuntos de gemelos: Cuatro personas, cuatro almas y cuatro opciones, si piensa en ello. Puede ser un desafío, ya que llevarán todo a niveles extremos.

Un signo de aire doble vuela en torno a sus sentimientos y los comunicará de forma intensa, pero tranquila. La dificultad aquí es que evitará sentir. Para usted, es más fácil hablar, dibujar y materializarlo que atravesar cada una de sus emociones por completo.

Sol en Géminis + Luna en Cáncer

Un verdadero Géminis ama su independencia. Cuando los Géminis se combinan con la Luna en Cáncer, se interesan repentinamente por los demás, generalmente por los más cercanos. Cáncer comienza a empatizar con los demás, algo que antes le costaba hacer, y su Géminis aprenderá que hay más espacio para las emociones si solo se lo permite.

Esta combinación aporta algo mágico al aire, ya que se comunican bien, y trabajan juntos activamente para que la vida sea menos seria y se sienta con mucha más paz.

Sol en Géminis + Luna en Leo

¿Protagonismo? Pueden luchar por él o compartirlo. Géminis y Leo deciden hacer lo segundo: lo comparten todo. Como resultado, se hacen oír en todo lo que ocurre en la vida. No puede hacer algo tranquilo para que solo lo disfrute usted. Necesita comunicarlo, y lo hace de forma viva y a la vez llamativa.

Leo es muy leal a todo el mundo, y Géminis tendrá que aprender sobre esta relevante característica, especialmente cuando tiene dos opciones a considerar.

Sol en Géminis + Luna en Virgo

Si Géminis son los gemelos, Virgo es la madre que siempre está cuidando a sus hijos. Virgo tiene una personalidad meticulosa, lo que hace que se sienta así, algo nuevo para usted.

Hace que los demás se prueben a sí mismos antes de sentirse lo suficientemente relajado y confiado como para hacerle saber que es digno de sus ideas. Además, suele guardarse para sí mismo lo que realmente siente, ya que valora el secreto.

Sol en Géminis + Luna en Libra

Ambos son signos de aire que aman y se sienten a gusto cuando comunican lo que sienten. Por ello, Géminis se siente más relajado y confiado ahora que Libra escucha las ideas de los gemelos. A nivel emocional, a Libra le encanta la exclusividad que le proporciona Géminis.

Esta combinación le da ganas de charlar. Es ese amigo que siempre está hablando pero que tiene cosas muy interesantes que decir. Sin embargo, también es consciente de que el silencio no tiene precio, y es consciente del poder que hay detrás de sus frases concisas.

Sol en Géminis + Luna en Escorpio

Esta combinación tiene que ver con seguir su intuición. A veces competirá consigo mismo cuando intente leer a otra persona. "¿Serán acertadas mis observaciones?" es una pregunta que se hace a menudo.

Sabe cómo poner límites, especialmente cuando su libertad se ve comprometida. No tiene miedo de decir lo que piensa, pero pedirá amablemente a los demás que naden en sentido contrario si no ven su punto de vista.

Sol en Géminis + Luna en Sagitario

Si sus amigos tienen ganas de salir de viaje, le llamarán. El fuego que sale de Sagitario es más bien una llama noble que está en constante movimiento. Alimentará la naturaleza inquisitiva de los gemelos con su lado aventurero.

Quiere hablar con los demás y quiere que los demás hablen con usted. Es muy abierto de mente y le gusta estar con los demás. Sus niveles de optimismo son a veces exagerados, pero intentará hacer lo mejor que pueda para lograr sus sueños, y a menudo tiene mucha suerte.

Sol en Géminis + Luna en Capricornio

A la Luna en Capricornio le gusta la consistencia y la estabilidad emocional, algo de lo que se sabe que Géminis carece. Podrían beneficiarse de sus diferentes energías, aunque siempre tendrán una constante batalla interior. Es como si estuvieran atascados y no supieran hacia dónde ir la mayor parte del tiempo.

Aun así, este signo de tierra permitirá a los gemelos sentirse más conectados con el mundo; de ahí que se les ocurran ideas realmente controvertidas porque están aprendiendo a conciliar su lado salvaje y aventurero con su forma de ver la vida con los pies en la tierra.

Sol en Géminis + Luna en Acuario

Esta es otra doble pareja de signos de aire. Una persona nacida con esta combinación lucha por sus ideales. No se sientan a ver cómo el resto del mundo lo asume; quieren iniciar una revolución.

Sin embargo, la Luna en Acuario le dará una visión más holística de la vida, en la que sus compañeros se unen para hacer del mundo un lugar mejor. En general, es muy apasionado y no teme mostrar sus emociones.

Sol en Géminis + Luna en Piscis

Es un artista porque tiene una combinación muy creativa. La Luna en Piscis permitirá a Géminis nadar a través de sus ideas y llevarlas a la orilla para convertirlas en una realidad.

Géminis también permitirá que Piscis le muestre el camino, algo único para los gemelos, ya que están acostumbrados a tomar la iniciativa la mayor parte del tiempo. Una persona con estos signos siempre encuentra una forma impactante de compartir lo que siente.

Capítulo 4: Luna en Cáncer

Símbolo: El cangrejo

Elemento: Agua

Cualidad: Cardinal

Casa gobernante: Cuarta

Planeta regente: Luna

Breve explicación de la Luna en Cáncer

La Luna en Cáncer significa que es muy sensible y que sigue su intuición desde una edad temprana. Como signo cardinal, sabe que es el principio de algo. Es el que inicia los cambios para que otros los sigan rápidamente.

Sin embargo, a menudo se le considera un individuo distante, principalmente porque prefiere mantener su intimidad para sí mismo, y a menudo se le malinterpreta.

La Luna en Cáncer hará que se sienta profundamente preocupado por sus seres queridos, y tenderá a encerrarse en sí mismo antes de que una nueva persona intente incorporarse a su vida.

Como Luna en Cáncer, sabe cómo fluir incluso entre las situaciones más difíciles que la vida le ha puesto en el camino. Es la Luna la que le rige, y ella también gobierna el elemento agua.

Siempre se guía por lo que se siente bien, y sigue su intuición pase lo que pase, aunque los demás le digan que corra en dirección contraria.

Pero esto también puede significar que se ha vuelto intolerante a la forma en que los demás perciben la vida, y ni siquiera se lo hará saber. Se alejará, a su manera. Lo hace porque prefiere evitar el conflicto; cree que es innecesario, especialmente cuando se centra en otras cosas más importantes.

La Luna en Cáncer y sus rasgos de personalidad

Puntos fuertes de la Luna en Cáncer

Es protector con los demás y consigo mismo

Generalmente es muy protector de sus seres queridos, de sus sentimientos personales e incluso de sus decisiones. Casi parece que deliberadamente no le cuenta a nadie más lo que está pasando, ya que es la única manera de sentirse protegido sin que alguien le quite la suerte.

También le preocupan en exceso sus seres queridos. Ser un signo cardinal significa que Cáncer marca el camino a otros signos que pronto le seguirán. En este sentido, piense en ellos como en un hermano o hermana menor que siempre le admira.

Valora la bondad

La Luna en Cáncer hace que esté dispuesto a ayudar a los demás siempre que lo necesiten. Es simpático y amable, y siempre está dando, sin pedir nada a cambio.

Además, la Luna en Cáncer es muy sensible y, a menudo, es consciente de los sentimientos y las dificultades de los demás.

Es curioso por naturaleza

La Luna en Cáncer suele significar que entrará en una habitación llena de extraños e inmediatamente comenzará a investigar quién es quién, qué hace, por qué está allí y cómo puede conectar con usted.

Es como si su mente fuera a lugares desconocidos, tratando de descifrar qué o quién es importante. Esta curiosidad también le llevará a convertirse en un explorador del mundo, aunque prefiera explorar más cerca de casa, donde todavía se siente en su zona de confort.

Está atento a los demás

Una persona perteneciente a la Luna en Cáncer no quiere un "no" por respuesta. Esto es visible cuando esta Luna se dirige a ofrecer a sus invitados comida, bebidas y una noche divertida. Le agrada compartir todo lo que tiene con los demás solo para que se sientan tan afortunados como usted.

Valora sus elecciones y defenderá su derecho a tenerlas, aunque sean problemáticas.

Debilidades de la Luna en Cáncer

Se guarda las cosas para sí mismo

Incluso si esto significa que otros le han hecho daño, lo más probable es que nunca le diga a la persona que le hizo daño cómo le hace sentir. La Luna en Cáncer es una persona que prefiere ser reservada en cuanto a sus sentimientos genuinos, y esto, por supuesto, puede pasarle factura.

La Luna en Cáncer está acostumbrada a reprimir las emociones. Lo hace para protegerse y proteger a los demás de entrar en conflicto. Sin embargo, debe recordar que comunicarse con los demás sobre cómo y por qué se siente de cierta manera ayudará a una Luna en Cáncer a sanar.

Es demasiado sentimental

La Luna en Cáncer puede sentir muchas cosas al mismo tiempo. Ni siquiera sabe por dónde empezar y cómo gestionar todos esos sentimientos. La Luna en Cáncer sabe que necesita trabajar en su sentimentalismo para superar los viejos problemas internos que pueda tener.

No es que una persona no deba ser sentimental, pero es que una Luna en Cáncer lleva esta característica a niveles extremos. Termina siendo codependiente de los demás, lo que le lleva a más frustraciones cuando la otra persona no se comporta como el cangrejo espera que se comporte.

Piensa demasiado

Los cangrejos perciben aún más. Parece que todos sus sentidos están a pleno rendimiento y se conectan con el mundo exterior. Puede sentir energías desde muy lejos. Sabe cuándo sus amigos están tristes o cuando los desconocidos están pasando por un momento difícil. Puede sentir a los demás.

Como resultado, piensas demasiado en las cosas que conciernen a otras personas. Navegará constantemente por los problemas de otra persona si cree que puede ofrecer su ayuda o aliviarlos.

Se frustra con facilidad

La Luna del cangrejo es la primera que se frustra cuando algo no sale como quiere. Continúa comunicando lo que siente, y hasta que no llegue a ese punto, no tendrá en cuenta a los que no están en la misma longitud de onda que usted.

Como individuo bajo este signo lunar, sabe que necesita mejorar sus habilidades de comunicación. Sin embargo, le costará expresar sus opiniones, especialmente cuando se trata de una nueva relación o de hacer nuevos amigos.

La Luna en Cáncer y su compatibilidad amorosa

La Luna en Cáncer es alguien que valora su independencia, siente todo y piensa demasiado en su vida y en la de sus seres queridos. Independientemente de su ubicación solar o lunar, este signo de agua suele tener compatibilidad amorosa con otros signos lunares de aire (Acuario, Géminis, Libra) o con signos lunares de tierra (Capricornio, Tauro, Virgo).

Como Luna en Cáncer, desea compartir sus miedos más profundos sin sentirse juzgado. Busca a alguien como Libra, que le aporte equilibrio a su vida y le muestre otra visión de la misma.

La Luna en Cáncer necesita ver las perspectivas de otras personas, o se verá demasiado consumida por su mente. Un Libra aportará el aire que tanto necesita el cangrejo, algo esencial, ya que ayuda a que el agua fluya.

La Luna en Cáncer es la que busca primero la compasión y la comprensión cuando solo conoce a alguien. No tiene miedo de abrazar sus sentimientos, lo que significa que se siente lo suficientemente cómodo con sus verdaderos colores.

Sin embargo, la Luna en Cáncer es menos compatible con la Luna en Piscis porque ambos son signos de agua. Demasiada agua puede provocar una inundación excesiva, y esto podría traducirse en una persona demasiado intensa que es muy apasionada, pero que aún está tratando de descubrir quién es. Cuando dos signos de agua están juntos, es como si se convirtieran en uno. Ya ni siquiera son conscientes de sus diferencias internas porque se reflejan en todo lo que hacen y están de acuerdo entre sí.

Cáncer como signo solar y los diferentes signos lunares

Sol en Cáncer + Luna en Aries

Esta combinación crea personas profundamente sensibles que a veces luchan por saber hacia dónde dirigir sus fuerzas. Cuando su Luna en Aries aparece en Cáncer, se concentra demasiado en los detalles en lugar de ver el panorama general.

También suele depender de los demás. De este modo, se ayuda a sí mismo a descubrir quién es, basándose en lo que la otra persona piensa de usted. No le importa saltar de un sentimiento a otro, lo que podría traer mucha frustración o momentos difíciles, especialmente cuando Aries, un signo de fuego, sigue empujando a un meloso Cáncer.

Sol en Cáncer + Luna en Tauro

Esta mezcla tiene algo muy especial a su alrededor. Como resultado, es un individuo muy centrado que busca nutrir y cuidar a los demás. Le encanta la atención, pero se siente perfectamente bien cuando el centro de atención está en otra persona.

Este signo de tierra puede hacer que su cangrejo sienta la necesidad de emprender emocionantes aventuras por todo el mundo, a sabiendas de que ya ha construido un hogar estable al que podrá volver en breve.

Sol en Cáncer + Luna en Géminis

A el cangrejo le encanta su relación de dependencia con los demás, las situaciones o los sentimientos. Sin embargo, si está en combinación con los gemelos, lo más probable es que su cangrejo se sienta impulsado a ser independiente y a forjar su camino. No tiene miedo de profundizar para descubrir sus emociones más oscuras.

Sin embargo, también se esforzará por comunicar lo que siente porque sabe que ambos signos pueden trabajar juntos para hacer su vida más fácil. Ya no es solo blanco y negro; hay muchos más colores para elegir.

Sol en Cáncer + Luna en Cáncer

Un doble Cáncer tiene el riesgo constante de ahogarse, a pesar de saber nadar. Tiene tanta energía acuosa que sentirá la necesidad de tener más y más agua, solo para adentrarse dentro de un camino emocional.

Siente lo que sienten los demás, y esto podría traerle muchas situaciones incómodas. Un doble Cáncer lucha cuando es el momento de decir "no", ya que está demasiado ocupado tratando de prevenir los problemas.

Sol en Cáncer + Luna en Leo

Una persona con esta combinación es alguien muy relajado y con una llama interior difícil de apagar. Necesita sentirse seguro, aunque también explorará nuevas áreas fuera de su zona de confort.

El cangrejo tiene un fuerte caparazón que se consume lentamente cuando Leo está cerca. Esto le hace pasar por muchos procesos que le permiten crecer y hacerse más fuerte que nunca.

Sol en Cáncer + Luna en Virgo

Este Cáncer es selectivo con las personas que se le acercan. Se asegurará de que ellas también lo sepan, ya que no aceptará a una nueva persona solo por ser amigo de un amigo. Lo intentará muchas veces para ver si son dignos de su confianza.

Pero cuando este Cáncer conoce a sus amigos y familiares más cercanos, Virgo se asegura de protegerlos, cuidarlos y amarlos. Esta combinación le hace girar en torno a su esfera emocional y social, y no suele distinguir entre ambas.

Sol en Cáncer + Luna en Libra

El cangrejo es conocido por tener un instinto de mamá oso. Los Libra son famosos por cuidar las relaciones íntimas. Como resultado, su combinación nutrirá los puntos fuertes del otro y se asociará para superar sus debilidades. Libra equilibra las poderosas emociones de Cáncer, mientras que el cangrejo da a Libra una visión más intensa de la vida.

Usted sabe que hay dos lados en una situación, y elegirá ambos lados para poder llegar a una imagen más clara. Es emocionalmente fuerte y a la vez generoso, y siempre ayuda a los demás, pero sabe lo que vale.

Sol en Cáncer + Luna en Escorpio

Esta es otra combinación intensa, y funcionan bien juntos, principalmente debido a su similitud. Sin embargo, pasarán por momentos difíciles cuando las mareas suban por encima de sus niveles habituales.

Escorpio está emparejado con la energía masculina, mientras que Cáncer es una fuerza femenina. Considera que es el momento adecuado para desplegar estas dos energías, por lo que se muestra directo y apasionado con las cosas que ama.

Sol en Cáncer + Luna en Sagitario

Está fuertemente conectado con su niño interior. El cangrejo es el signo de la familia, y Sagitario es el que adora jugar y llevar la luz allá donde va.

A veces la gente puede preguntarse de dónde proviene, ya que no se toma demasiado en serio a sí mismo. Sabe que, para sanar los traumas del pasado, debe reírse de sí mismo.

Sol en Cáncer + Luna en Capricornio

Cáncer es conocido por ser sentimental, mientras que Capricornio no solo huye de sus emociones, sino que es efusivo con sus sentimientos. Por un lado, Capricornio puede dejar que

Cáncer mantenga un ritmo más aterrizado en sus emociones. Por otro lado, Cáncer le mostrará a Capricornio una nueva faceta de sí mismo, la emocional.

Es consciente de su lugar en el mundo. Los resultados le estimulan y quiere ser el mejor en todo lo que hace. Tiene un verdadero sentido del legado y la lealtad, especialmente cuando sabe que la gente le admira.

Sol en Cáncer + Luna en Acuario

Cáncer y Acuario son personas independientes, pero emocionalmente estables. Esta combinación hace que se mantenga emocionalmente distante cuando siente que algo puede ser extraño en una situación. Además, confía en su naturaleza instintiva para tomar decisiones importantes, y suele funcionar bien a su favor.

Acuario es un signo de aire, por lo que Cáncer suele sentirse más a gusto cuando ayuda a los demás. Esta combinación es el equilibrio perfecto entre el servicio y la fidelidad a uno mismo.

Sol en Cáncer + Luna en Piscis

Todas las combinaciones dobles de signos de agua son intensas, pero esta lleva la intensidad a un nivel completamente nuevo. Esta combinación puede traducir diferentes energías en segundos. Es casi un psíquico cuando nace bajo estos dos signos.

Es muy intuitivo, y necesita mantener sus signos en equilibrio para liberar la vieja energía llevada a cabo por el empático Cáncer.

Capítulo 5: Luna en Leo

Símbolo: El león

Elemento: Fuego

Cualidad: Fijo

Casa gobernante: Quinta

Planeta regente: El Sol

Breve explicación de la Luna en Leo

Leo suele ser considerado uno de los signos más inteligentes y con los pies en la tierra. Son líderes naturales y están acostumbrados a que los demás sigan su camino.

Como tiene la Luna en Leo, suele ser el primero en lanzarse a un territorio desconocido, y lo hará con gusto y con una sonrisa en la cara. Le atrae el peligro porque es consciente de su fuerza interior.

Como Leo, le encanta protegerse a sí mismo y a sus seres queridos. Se le conoce por su fuerza, pero siempre se muestra su vulnerabilidad. Como se espera de un signo de fuego, Leo, el león, ruge y escupe fuego y no puede contenerlo.

El León necesita sentir la atención de todo el mundo, o tendrá una rabieta tratando de demostrar su valía. Sin embargo, es muy leal y se quedará con sus verdaderos amigos en los momentos más difíciles sin hacer preguntas.

Además, si desea permanecer activo, debe ser un Leo. Si quiere animar a los demás y hacer que se sientan fuertes, posee la Luna en Leo. Son los animadores del zodíaco.

Los leones también son conocidos por su temperamento dramático, pero en lugar de alejar a la gente con esto, cada vez más individuos se sienten atraídos por su personalidad.

La Luna en Leo y sus rasgos de personalidad

Puntos fuertes de la Luna en Leo

Es líder del mundo

La Luna en Leo es alguien a quien le gusta liderar a los demás con paciencia. Los demás suelen adorarle porque representa posibilidades distintas, ya que los leones siempre tienen una respuesta.

La gente se siente atraída por la Luna en Leo casi de inmediato porque perciben su liderazgo natural, pero también porque se preocupa genuinamente por los demás.

Tiene mucha confianza en sí mismo

La Luna en Leo hace que se conozca tan bien a sí mismo que incluso celebre sus debilidades. Sabe que ha tenido que recorrer ese camino para convertirse en una persona feroz, fuerte y más independiente que nunca.

Los leones son conocidos por sus altos niveles de confianza en sí mismos, algo que han construido a lo largo de toda su vida. Si dicen que pueden hacer algo, es porque son excelentes en ello. No hay término medio con una Luna en Leo.

Sabe su valor

Además de tener una fuerte confianza en sí mismo, la Luna en Leo le hará saber lo valioso que es. Usted es el que hace que un equipo se mueva; después de todo, está representado por uno de los animales más rápidos de la Tierra.

La Luna en Leo sabe cómo hablarle al mundo, pero también sabe cómo hacer que el mundo le hable a él. Todo lo que hacen se basa en lo valiosa que puede ser esa información o situación en su vida.

Es lo suficientemente valiente como para ser admirado por los demás

Los leones son, sin duda, el signo más valiente del zodiaco. Es una segunda naturaleza para usted. Nunca se paralizará ante el peligro. Al contrario, probablemente lo mirará directamente a los ojos y dirá: "Te estaba esperando".

La Luna en Leo también sabe cuándo pedir perdón y hace que se disculpe cada vez que ha herido a otra persona.

Debilidades de la Luna en Leo

Es un individuo obstinado

Es el primero en afirmar que tiene razón y que todos los demás están equivocados. Como signo fijo, también le cuesta ver más allá de sus narices. Según usted, sus ideas merecen atención y los demás deben respetarlas.

En consecuencia, se obsesiona y defiende obstinadamente sus ideales hasta el final. La Luna en Leo suele ser una persona que luchará sin cesar. Incluso si se equivoca, intentará hacer cambiar de opinión a la otra persona.

Disfruta luchando con los demás

Solo porque es consciente de su fuerza, también sabe que la gente le tiene miedo, así que utiliza esto como una ventaja y lucha agresivamente por lo que cree. Las personas con Luna en Leo son demasiado orgullosas y seguirán luchando solo porque "ya habían empezado a luchar en primer lugar".

También se coloca a sí mismo por encima de los demás. No significa que se crea mejor que el resto, pero se encargará de que todo el mundo sepa quién manda y, cuando luche, obtendrá la admiración de su oponente.

Le encanta ser el centro de atención

Parece que nunca se cansa de la atención. Esto podría ser una debilidad, especialmente cuando la Luna en Leo es demasiado egocéntrica y comienza a mostrar sus conocimientos, su fuerza o su forma de ser.

Parece que sabe que el resto del mundo tiene una perspectiva inútil comparada con la suya. Lo sabe todo; de ahí que necesite mostrar sus conocimientos a los demás. Estar en el punto de mira es solo una forma de hacerlo.

Es inseguro y lo oculta

Se le da bien ocultar su inseguridad, por lo que siempre saltará a la palestra. Es posible que la Luna en Leo parezca una persona segura de sí misma, y realmente lo es hasta cierto punto, pero cuando una Luna en Leo no sabe algo o no tiene ni idea de un tema, hará que sus inseguridades fluyan rápidamente.

La Luna en Leo encuentra seguridad en los demás. Si alguien le hace un cumplido, debe significar que está haciendo algo bueno. Si nadie le dice nada, inmediatamente empezará a pensar que hay algo raro.

La Luna en Leo y su compatibilidad amorosa

La Luna en Leo es alguien que se siente en la cima del mundo todo el tiempo. También es alguien que sabe lo rápido que debe correr para atrapar a su presa. Independientemente de la ubicación de su Sol o Luna, este signo suele tener compatibilidad amorosa con otros signos lunares de fuego (Sagitario, Aries) o de aire (Acuario, Géminis, Libra).

La Luna en Leo necesita a alguien que pueda hacer fuego con ellos o, al menos, propagar sus llamas. Tienen la fuerza de un león, y necesitan una pareja que pueda seguir su impulso interior, pero que nunca compita contra ellos por el protagonismo.

Si usted tiene la Luna en Leo, es probable que luche por el amor de su amante, incluso si ya le ha dicho "no" como respuesta. Si no pueden estar juntos, la Luna en Leo se sobrepondrá a esto y hará que la relación se lleve a cabo.

La Luna en Leo es la que busca el amor a través de su posición sexual superior, especialmente cuando está comenzando una nueva relación. Es consciente de su sensualidad, por lo que para usted es perfectamente aceptable mezclarse con alguien que sea tan sensual como usted. De lo contrario, su conexión se desvanecerá pronto. La Luna en Leo es muy compatible con Géminis, especialmente cuando ambos comparten lo que sienten y lo que quieren.

La Luna en Leo es menos compatible con la Luna en Cáncer. El signo de fuego probablemente querrá explorar no solo el mundo, sino también el universo entero si es posible. Mientras tanto, el signo de agua estará encantado de quedarse en casa, explorando su interior. La Luna en Cáncer también pensará probablemente que Leo es extravagante y alguien que no sabe guardarse las cosas para sí mismo. Como ya es sabido, el signo de Cáncer ama su intimidad.

Leo como signo solar y los diferentes signos lunares

Sol en Leo + Luna en Aries

Es usted, sin duda, un individuo fogoso. Le encanta amar, pero también ama la independencia más de lo que le permite su relación con la Luna en Aries. Debido a esto, la Luna en Aries hará que se mantenga alejado de los demás.

Sin embargo, debe trabajar duro para establecer sus relaciones con límites saludables, o puede correr el riesgo de quemar todo—metafóricamente hablando—en poco tiempo.

Sol en Leo + Luna en Tauro

Un minuto está esperando pacientemente, y al siguiente, está tratando de huir de todo. Usted siempre está empujando en dos direcciones diferentes sin saber realmente hacia dónde necesita dirigir sus energías. Ambos son signos fijos, y esto es visible a kilómetros de distancia.

La Luna en Tauro es una persona intensa y obstinada. Esta combinación le convierte en alguien que se esfuerza por olvidar, pero no puede hacerlo. Debido a esto, siempre recordará a quien ha herido sus sentimientos.

Sol en Leo + Luna en Géminis

Usted comunica, con detalles explícitos, lo que siente sobre absolutamente todo en la vida. También es usted quien dice a los demás lo que tienen que hacer, aunque no le hayan pedido su opinión.

Tiende a analizarlo todo en exceso. A menudo luchará consigo mismo porque, por un lado, tiene la Luna en Géminis, que le dice que es intelectualmente capaz de todo. Por otro lado, es usted el león, que siempre está dispuesto a lanzarse, independientemente de su falta de habilidades o conocimientos.

Sol en Leo + Luna en Cáncer

Esta combinación puede ser una lucha desde el primer día. Se puede argumentar que Leo es un signo muy fogoso, sin miedo al daño. Mientras que la Luna en Cáncer es algo emocional y tiene miedo a muchas cosas. Uno es fuego y el otro es agua, así que cada vez que el fuego sale a relucir, el signo de agua le dice con gusto que se vaya por donde ha venido.

Aun así, no todo es negativo con su combinación, porque son emocionalmente inteligentes cuando es necesario. También son los que aman a los demás pase lo que pase, ya que ambos signos están abiertos a propagar su amor.

Sol en Leo + Luna en Leo

Piense en cómo se comporta, probablemente es un individuo poderoso física, mental o espiritualmente que no teme decir lo que piensa. Ahora, piense en un doble Leo. ¡Usted es fuego!

Un doble Leo significa que es creativo, feroz, valiente, alegre y dramático. Necesita estar en constante movimiento, por lo que siempre practicará o aprenderá algo nuevo. Para llenar sus niveles de energía, se adentra en territorios desconocidos.

Sol en Leo + Luna en Virgo

Una persona con esta combinación suele ser alguien capaz de enviar llamas de amor a sus seres queridos, incluso a distancia. Son los que siempre le harán sentirse como en casa, aunque lleve años sin verlos ni hablar con ellos.

Como se trata de esta combinación, esperará hasta que esté preparado para hablar de sus sentimientos. Una vez que los comparta, lo hará de forma muy dramática.

Sol en Leo + Luna en Libra

Aunque los Leo no lo parezcan, son individuos muy románticos a los que les encanta tener compañía. Son las mariposas sociales del zodiaco, aunque en versión león. Cuando se tiene la Luna en Libra, también se puede experimentar la necesidad de estar rodeado de otras personas.

A veces puede parecer que nunca puede ser usted mismo. Incluso cuando otros están en su presencia, usted seguirá anhelando más compañía. Sin embargo, es primordial que preste atención a los demás y que a veces se olvide del resto del mundo por un minuto o dos.

Sol en Leo + Luna en Escorpio

Esta persona tiene dos signos muy fuertes, pero diferentes. La Luna en Escorpio suele ser alguien intenso y serio, y Leo es siempre el alma de la fiesta. El verdadero truco de esta combinación es no eclipsar nunca al otro.

A esta combinación le gusta controlar las cosas, incluso si eso significa que se adentrarán en una madriguera tratando de encontrar respuestas. Tiene preguntas y quiere descubrir la verdad.

Sol en Leo + Luna en Sagitario

Pasarlo bien es su segundo nombre. Así de sencillo. En serio, es una de las personas más divertidas del planeta. Le encanta pasar un buen rato y no tiene miedo de reírse de sí mismo.

Leo siempre querrá mantener las cosas simples en su mundo dramático, pero la palabra simplicidad podría diferir de una persona a otra. Tener la Luna en Sagitario también le hará sentirse más tranquilo porque el arquero es menos dramático que su compañero del signo fuego, Leo.

Sol en Leo + Luna en Capricornio

Tiene la necesidad de ayudar a los demás. Inmediatamente lo dejará todo y acudirá a rescatar al resto del mundo en un abrir y cerrar de ojos. Leo tiende a centrarse en sus relaciones, y aunque Capricornio no suele ser el que dice: "Me importas", es el que actúa primero.

Tener la Luna en Capricornio significa que Leo se centrará en su interior, y su viaje será seguramente muy emocional e intenso. Para ello, contará con su capacidad de levantarse de nuevo, sin importar cuántas veces sea necesario.

Sol en Leo + Luna en Acuario

Estos dos signos son directamente opuestos en la tabla del zodiaco. Se equilibran mutuamente, pero también empujan al otro a salir de su zona de confort y a ver más allá de sus narices.

Tener la Luna en Acuario significa que Leo está listo para dejar que sus emociones se dispersen por un tiempo. No se ponen emocionales todo el tiempo, aunque pueden sentir que su fuego está listo para estallar y esparcirse gracias al signo de aire.

Sol en Leo + Luna en Piscis

A Leo le encanta estar en el centro de la tormenta. Afortunadamente como signo de fuego, tener la Luna en Piscis significa que puede dirigirse a ese lugar, o puede desaparecer completamente bajo el agua.

Tiene una personalidad mucho más suave. Es un individuo muy sensible que empatiza con los demás. Sin embargo, todavía tiene una batalla interna que librar. ¿Quién va a ganar, el agua o el fuego?

Capítulo 6: Luna en Virgo

Símbolo: La virgen

Elemento: Tierra

Cualidad: Mutable

Casa gobernante: Sexta

Planeta regente: Mercurio

Breve explicación de la Luna en Virgo

Una persona con Luna en Virgo es alguien que investiga meticulosamente los detalles más finos de la vida. Son muy trabajadores, ya que siempre están concentrados en su trabajo, pero también son los mejores defensores de la humanidad.

La Luna en Virgo le convierte en el individuo familiar en el que pensó que nunca se convertiría. Pedirá a los demás que lo visiten y los hará sentir parte de su familia. Siempre prestará atención a sus necesidades, deseos y estilo de vida, aunque esto podría significar que se olvide de sí mismo ocasionalmente.

Los Virgo son los que juegan según las reglas, así que con esta Luna es imposible dejar las cosas al azar. Desea estar presente en todo, y si puede hacer que algo suceda, será una excelente noticia.

Incluso en medio de una derrota, seguirá diciendo que fue una espléndida oportunidad para aprender algo nuevo.

Sin embargo, la Luna en Virgo puede ser dura siempre que lo necesite. La gente sabe que no debe meterse con usted, o la pondrá gustosamente en la "lista" de personas que le han hecho daño. Sin embargo, la Luna en Virgo suele ser una persona irremediablemente romántica. Puede que no sea muy expresiva, pero mostrará sus sentimientos a su manera.

La Luna en Virgo es alguien que organiza su caos. El término caos es relativo, y los Virgo son conocidos por estar en la custodia de todo. Por lo tanto, no hay lugar para ser una persona caótica.

Tiene un fuerte instinto maternal o paternal, y se asegurará de que la gente sepa cómo se siente. El planeta Mercurio, el mismo que rige a Géminis, rige a Virgo, por lo que se espera que le guste comunicarse de forma clara y concisa como Luna en Virgo.

La Luna en Virgo siempre buscará el lado no tan brillante, pero esto no significa que no sea amable. Suelen ser individuos muy dulces. Les encanta ayudar a los demás, y harán todo lo posible para asegurarse de que los demás estén bien.

Pero este es un signo mutable, por lo que siempre está buscando formas de transformarse a sí mismo y a las situaciones en las que se encuentra. La Luna en Virgo necesita tener el control todo el tiempo.

La Luna en Virgo y sus rasgos de personalidad

Puntos fuertes de la Luna en Virgo

Ayuda a todos los que puede

La Luna en Virgo no puede detenerse, cuando ve a alguien que necesita ayuda, es la primera en ofrecérsela o incluso en intervenir y actuar sin más.

Tiene un sexto sentido con el que puede sentir cuando otra persona necesita ayuda, y está ahí para darle esa mano amiga. Si está en su poder, la Luna en Virgo siempre ayudará a los demás.

Puede adaptarse a diferentes situaciones

Nunca le hará la pregunta "¿Por qué a mí?". Aceptará la situación y pasará rápidamente de ella. Una persona de Virgo puede adaptarse a cualquier forma, y normalmente saldrá más fuerte que nunca.

Por ello, es común ver a la Luna en Virgo con varios trabajos o muchos hijos. Necesita este "caos", solo porque necesita limpiar el desorden que viene después. Aunque no le guste admitirlo, le encanta tener el control de todo.

Desarrolla poderosas conexiones

La Luna en Virgo es una figura maternal. Por ejemplo, piense en una abuela que siempre le da más comida, aunque usted se haya negado cortésmente mil veces. Sin importar su género, la Luna en Virgo es esa abuela. Si lo cuidan, siempre le pedirán que coma más, que beba más y que duerma más.

Como Luna en Virgo, sus seres queridos y amigos más cercanos se sienten conectados con usted porque es consciente de su figura maternal o paternal.

Puede comunicarse eficazmente

Mercurio rige a Virgo, por lo que van a ser hábiles oradores. En general, también son grandes comunicadores y a veces entablarán largos monólogos sobre algo que les llame la atención.

Aunque, a menudo, como Luna en Virgo, tendrá problemas para comunicar lo que siente. Tratará de evitar descaradamente sus emociones más profundas porque tiene miedo de que la otra persona no las entienda.

Debilidades de la Luna en Virgo

Reacciona de forma exagerada, ante todo

Como Luna en Virgo, es probable que llame anaconda a una pequeña serpiente porque, para usted, puede serlo. Habitualmente usted reacciona de forma exagerada ante todo lo que sucede en su vida. Pero no lo hace por maldad; lo hace porque se siente responsable de sí mismo y de los demás.

Aun así, las situaciones difíciles podrían ser sin duda explotadas por una Luna en Virgo, solo porque son demasiado tercos para calmarse y ver la vida tal como es.

No puede descansar

La Luna en Virgo puede ser hiperactiva a veces. Se sentirá completamente cansada, pero aun así ayudará a los demás, o limpiará la casa o conseguirá un nuevo trabajo.

Además, no es solo a nivel físico. La Luna en Virgo tampoco puede descansar su mente, ya que Mercurio le hace querer comunicar todo constantemente. Casi parece que tienen un narrador interior que siempre le está diciendo cosas.

Duda de sí mismo constantemente

Muy probablemente debido a sus instintos maternales o paternales, la Luna en Virgo se pregunta continuamente si lo que está haciendo vale la pena o si está haciendo un buen trabajo. Constantemente duda de sus habilidades y conocimientos.

No quiere cometer errores innecesarios. Por lo tanto, cuanto más pueda evitarlos, mejor, aunque a veces esto signifique que no pueda hacer las cosas que le gustan, principalmente por sus dudas.

Tiene comportamientos compulsivos

Si la Luna en Virgo tiene que lidiar con un problema serio, podría ser por sus comportamientos compulsivos. Son los que se quedarán hasta tarde limpiando o limpiarán todo el lugar dos veces en un día porque se concentran demasiado en las sustancias tóxicas, en las áreas sucias y en todo lo demás.

A veces mostrará un lado egoísta porque no le importa quién debe mudarse o a dónde debe ir si su Luna en Virgo llega a su punto máximo.

La Luna en Virgo y su compatibilidad amorosa

La Luna de Virgo es alguien que valora el lugar en el que vive, siempre está comunicando a los demás sus conocimientos y piensa que debe controlar la vida, de una manera u otra. Independientemente de la ubicación de su Sol o Luna, este signo de tierra suele tener compatibilidad amorosa con otros signos lunares de agua (Piscis, Cáncer, Escorpio) o de tierra (Tauro, Capricornio).

Como Luna en Virgo, necesita a alguien que pueda pisar un terreno común con usted, que le ayude a avanzar hacia la realización de sus objetivos y que no tenga miedo de hacer limpieza cuando sea necesario.

De hecho, como Luna en Virgo, es probable que limpie hasta el fin del mundo, ya que no puede quedarse quieto mientras su entorno está desordenado. Es tan obstinado en esto que ni siquiera le importará perder amistades en el camino si se mantiene comprometido con la verdad.

La Luna en Virgo busca comprensión y apoyo. Usted duda de sí mismo, por lo que una persona de Piscis puede ofrecerle a Virgo estabilidad y confianza. Esta pareja de enamorados podría ir a la Luna y volver juntos, especialmente cuando ambos se permiten conocerse a niveles más profundos.

La Luna en Virgo es menos compatible con la Luna en Aries. El signo de fuego probablemente querrá viajar por el mundo o explorar nuevas culturas, mientras que la Luna en Virgo querrá explorar su zona de confort, independientemente de que a Aries le guste.

Virgo como signo solar y los diferentes signos lunares

Sol en Virgo + Luna en Aries

Si estos dos signos se combinan, es probable que le hagan olvidarse de sí mismo la mayor parte del tiempo. Podría haber una lucha constante entre la Luna en Aries y el Sol en Virgo porque no pueden mantenerse centrados en sus necesidades personales.

Además, Aries aportará llamas a la ecuación, por lo que su Sol en Virgo puede llegar a ser hipócrita con los demás y consigo mismo. Le gusta ser libre para elegir lo que quiere, pero coacciona esa libertad sobre los demás.

Sol en Virgo + Luna en Tauro

Se esfuerza por desvelar los misterios y siempre está leyendo la letra pequeña. Por naturaleza, es la definición perfecta de lo que es un signo de tierra: Tiene los pies en la tierra, es feliz sirviendo a los demás y siempre trabaja por sus objetivos.

Tauro dará a Virgo la fuerza para sentir sus emociones. Pero a veces, este proceso puede llevar mucho tiempo, ya que ambos signos tienden a ir a la deriva, pero a un ritmo constante. Como signo de tierra doble, tiene los pies en la tierra y es el mejor amigo de todos porque le admiran de verdad.

Sol en Virgo + Luna en Géminis

Virgo es la madre del resto de los signos del zodiaco, y la Luna en Géminis es alguien a quien le gusta ser madre. Estos dos combinados a menudo luchan con ser a la vez independientes y depender de los demás.

Necesitan comunicar lo que sienten todo el tiempo, y suelen ser excelentes narradores, especialmente cuando hablan de sentimientos. Sin embargo, parece que todavía tiene un largo camino por delante para permitirse sentir, en lugar de describirlo todo.

Sol en Virgo + Luna en Cáncer

Esta combinación de Virgo es alguien que siente amorosamente con su corazón y su mente. Tienen una interesante mezcla entre ser muy sensibles (gracias al cangrejo) y muy mentales (gracias al signo de tierra).

Debido a esto, se asegurará de que todos los demás se sientan protegidos, nutridos y amados. Esta combinación gira en torno a sus esferas emocional y social, y rara vez distingue entre ambas.

Sol en Virgo + Luna en Leo

Virgo y Leo son una combinación interesante especialmente porque es una persona emocional, pero muy distante en comparación con los demás. Si tiene esta combinación, no le importa andar solo porque sabe lo que puede soportar.

La Luna en Leo es muy intensa y tiende a lanzar llamas por donde quiera que vaya. Su sentido del humor es mordaz y directo, lo cual es una cualidad admirada por muchos.

Sol en Virgo + Luna en Virgo

Si se encuentra bajo esta combinación, lo más probable es que no sepa pedir ayuda ni recibirla. Le cuesta saber que aún no puede hacer algo.

Sin embargo, es usted un signo mutable, lo que significa que pronto se da cuenta de que todo esto puede estar en su cabeza, y cambia su forma de pensar. Ahora puede hacer todo lo que se proponga. Sabe que es fuerte, y esta fuerza le hace darse cuenta de que está bien pedir ayuda a veces.

Sol en Virgo + Luna en Libra

Si tiene esta combinación, es probable que esté en una relación a largo plazo, o que prefiera estar en una relación que estar soltero. Desea asociarse con alguien, viajar por el mundo con esa persona, aprender cosas nuevas y volver a su territorio.

Venus, el planeta del amor, rige Libra. Esto es algo muy bueno para usted porque su Luna en Libra suavizará su Sol en Virgo, el que le hace callar cuando es el momento de expresar sus sentimientos.

Sol en Virgo + Luna en Escorpio

Ya sea que perciba a través de otros o solo por sí mismo, siempre parece que sabe lo que está por suceder todo el tiempo. Su Sol en Virgo se encarga de los detalles, mientras que su Luna en Escorpio le guía a través de su pensamiento y conocimiento intuitivo.

También es una persona intensa, pero puede agradecer a su Luna en Escorpio por ello. Si desea mantenerse en equilibrio, intente meditar o realizar otra técnica de relajación. Lo ideal sería que su mente dejara de nadar por ahí debido a su Luna en Escorpio.

Sol en Virgo + Luna en Sagitario

Si alguien de Virgo se autoidentifica como aventurero, este es usted. Es curioso por naturaleza y le encanta viajar, pero siempre añora su hogar. Su signo de tierra querrá llevar la iniciativa todo el tiempo, aunque su Luna de fuego es la que acaba ganando la batalla la mayoría de las veces.

Si tiene esta combinación, es probable que sea una persona muy social. Deseará ir a todas las fiestas que haya o estar en todos los lugares simultáneamente. Acostarse temprano no es algo que usted haga. Las creencias externas no limitan su independencia.

Sol en Virgo + Luna en Capricornio

Si tiene su Luna en este signo de tierra, es probable que le guste trabajar duro. Es el que siempre tiene dinero a fin de mes porque toma provisiones diariamente. Es probable que todos sus esfuerzos den sus frutos.

Además, también tiene un fuerte deseo de estabilidad, y su seguridad no depende de nadie más. Es su propio mejor amigo, lo que puede llevarle a lugares oscuros en algunos momentos si no trabaja en esas debilidades.

Sol en Virgo + Luna en Acuario

No busque una combinación de signos más cerebral. Usted es el elegido. Esto no significa que no tenga corazón; solo significa que prefiere pensar con la cabeza y, a veces, prefiere no sentir. Tal vez las emociones le hagan sentirse incómodo y evite esos lugares.

Sin embargo, se trata de una combinación interesante porque su Sol en Virgo le hace dedicarse a servir a los demás, algo que le gusta hacer. Por lo tanto, con esta combinación se preguntará constantemente: "¿Cómo puedo servir a los demás?" y "¿Cómo puedo estar solo?".

Sol en Virgo + Luna en Piscis

Si se fija en la rueda del zodiaco, Virgo y Piscis son opuestos entre sí. Gracias a esto, tiene un equilibrio interior que pocos otros signos tienen. Usted está entre las capas internas y las capas externas constantemente. Su signo de tierra siempre le dirá cómo debe sentirse, pero su signo de agua le mostrará cómo puede sentirse.

Cerciórese de que su Sol en Virgo no reseca su Luna en Piscis, o perderá su lado creativo, el que le reconecta con usted mismo. Si mantiene la calma e integra estos dos signos, probablemente se sentirá—y será—más feliz.

Capítulo 7: Luna en Libra

Símbolo: La balanza

Elemento: Aire

Cualidad: Fijo

Casa gobernante: Séptima

Planeta regente: Venus

Una breve explicación de la Luna en Libra

Si tiene la Luna en Libra, suele ser un individuo al que le gusta sentir emociones fuertes. Como signo de aire, es muy perceptivo de su entorno y sus capacidades intelectuales son superiores a las del resto.

Su día ideal es pasar tiempo con sus seres queridos, reconectando con las energías que le ayudan a formar su personalidad. Le encanta analizar sus sentimientos, pero también puede observarlos a través de una lente ecuánime.

Si ha nacido bajo este signo, le gusta centrar sus energías en los demás. Es el equilibrio que se necesita en el mundo. Sin embargo, también depende de los demás para que le equilibren.

Inesperadamente, le gusta trabajar en pareja o en grupo. Le gusta ser sociable, y cuando los demás le conocen, pronto se dan cuenta de la suerte que tienen de estar conectados con usted. No es de extrañar que le llamen el diplomático, ya que hace que todo el mundo se sienta querido.

También es diligente y ve a propósito el lado bonito de la vida, a pesar de los contratiempos que pueda experimentar a lo largo de la misma.

Con la Luna en Libra, a veces siente que está flotando constantemente, y le resulta difícil saber cuál es su lugar. De ahí que siempre termine rompiendo reglas que pueden parecerle poco convencionales; usted es la ley, así que es quien elige lo que está bien y lo que está mal.

Su Luna también lo guiará a hacer preguntas difíciles todo el tiempo. Juzgará, pero solo porque percibe más desde ambos lados.

Tiene un equilibrio emocional que otros signos duales desearían tener, e incluso en sus peores días, permanece tranquilo y centrado.

Le encanta amar a los demás. Si pudiera pasar su vida amando a la gente, lo haría. Sin embargo, también es un individuo de carácter fuerte que tiene un lado más oscuro. Es posible que sea codependiente de los demás, precisamente porque todavía está tratando de averiguar quién es usted. Es como si siempre cambiara de una cosa a otra.

La Luna en Libra y sus rasgos de personalidad

Puntos fuertes de la Luna en Libra

Sabe cómo comprometerse

Si una pareja está pasando por una situación difícil, usted es el que suele decir: "¿Cómo se puede llevar la carga por igual?". Sabe que no puede tener todo lo que quiere en la vida, sin embargo, cuanto más se desprende de las cosas, más vuelven a aparecer otras.

Se encuentra en un estado constante de compromiso. Si la familia o los amigos no saben qué elegir, es usted quien interviene, recordándoles los pros y los contras de sus decisiones. La gente acudirá a usted precisamente por ello.

Escucha con atención y eficacia

Cuando se comunica con una persona, lo hace con atención. Se sumerge en lo que le dicen y se pone en su lugar, solo para ver cómo es desde el otro lado de la habitación.

Naturalmente, los demás también se dan cuenta de esto y se interesarán más por usted. La Luna en Libra hace que todos se sientan amados, atendidos y escuchados.

Es muy relajado

No busca peleas, pero conoce la vida y sus inevitables formas de ser, así que, si surge una discusión, hará todo lo posible por mantener la calma durante la misma. A veces, la otra persona se da cuenta de esto y trata de jugar en su contra, pero su energía ecuánime verá a través de ella.

No guarda rencor contra nadie, ya que es la única persona consciente del valor de su energía. Se disculpará si lo considera necesario. Si no, se mantendrá fiel a sí mismo.

Tiene un alma creativa

Si una cosa no funciona, sabe que hay muchas otras cosas que puede hacer. Es genial en todo lo que se propone, y si no sabe algo, lo aprenderá en poco tiempo.

Tiene hambre de creatividad. Es de los que piensa que, si una persona no está creando algo, no está haciendo nada valioso. Esto, junto con su curiosidad, puede llevarle a lugares lejanos.

Debilidades de la Luna en Libra

Se sabotea a sí mismo constantemente

Está representado por la Balanza. Esto significa que, si no está en un estado mental equilibrado, es probable que siempre esté yendo de un lado a otro, tratando de decidir cómo se siente.

Se sabotea a sí mismo constantemente, precisamente porque no puede elegir. Ve bajo una lente muy negativa o a través de una muy positiva, y cuando ve las cosas de distinto color, se cuestiona si eso es posible.

Oculta su yo interior

No es que no quiera que los demás sepan cómo es usted, sino que constantemente trata de evitar peleas o discusiones por el bien de su energía. Sin embargo, también puede ser porque no le gusta que los demás se encuentren con su lado más oscuro, el que le pone en contacto con todo lo que necesita trabajar para crecer.

También evitará hablar de sus sentimientos porque es un signo lunar muy misterioso. Así que, si algo no encaja especialmente con su agenda, siempre puede volver a esconderse en otro lugar.

Es demasiado amable

A veces puede ser demasiado ingenuo y los demás se aprovechan de usted. Cree profundamente que todo el mundo es bueno hasta que se demuestre lo contrario. En consecuencia, es usted el primero en defender a los demás. Si no lo hace usted, ¿quién lo hará por usted?

Ser demasiado amable puede llevarle a tener otro tipo de problemas, especialmente en una relación cuando la otra persona está cruzando los límites.

No sabe decir que no

Siempre dice "sí" a todo y a todos. Es generoso, ingenuo y rara vez responde "no". Esto puede ser un grave problema para las personas con Luna en Libra, especialmente cuando su autoestima es baja.

No hay mucho que pueda dar sin recibir nada a cambio. Esto puede ser demasiado difícil de soportar para los individuos con la Luna en Libra, pero es necesario que escuche su intuición y vea a dónde lo lleva.

La Luna en Libra y su compatibilidad amorosa

La Luna en Libra es alguien que valora el poder de elección. También es alguien amable, que intenta llevarse bien con todas las personas que conoce. Independientemente de la ubicación de su Sol o Luna, este signo suele tener compatibilidad amorosa con otros signos lunares de aire (Acuario, Géminis) o de fuego (Aries, Leo, Sagitario).

Si tiene la Luna en Libra, necesita a alguien que le ayude a decidir. A veces incluso necesitará una persona que tome la iniciativa y decida por usted. Esto le quitará peso de encima. Una gran pareja sería una persona de Acuario porque son muy determinados en lo que quieren lograr.

Lo más probable es que la Luna en Libra se pregunte si esa persona es la adecuada para usted. En este sentido, es obstinado, pero solo porque no quiere volver a decepcionarse a sí mismo. No le gusta pasar por esas emociones.

La Luna en Libra es la que busca el placer por igual, especialmente cuando una relación está en una etapa temprana. No tiene miedo de explorar todas las facetas, ni tampoco a la otra persona.

Por el contrario, la Luna en Libra es menos compatible con una Luna de tierra. El signo de aire probablemente querrá sentirse relajado, y el signo de tierra, como Capricornio, le recordará constantemente que debe elegir un bando.

Libra como signo solar y los diferentes signos lunares

Sol en Libra + Luna en Aries

Si tiene esta combinación, a veces siente que es el alma de la fiesta, pero al minuto siguiente, siente que quiere ir a casa y abrazar a sus mascotas. Su Sol en Libra le dirá que se asocie, y su signo de fuego siempre le dirá que vaya solo.

Es probable que la Luna en Aries le haga sentir que tiene una llama interior que necesita estallar, y le gustaría hacerlo en soledad, algo a lo que Libra no está del todo acostumbrado.

Sol en Libra + Luna en Tauro

Si esta es su combinación, seguramente siente profundos océanos de amor en su interior. Esto ocurre porque Venus, el planeta del Amor, rige ambos signos. Tiene una gran energía, pero a veces puede ser demasiado pegajosa para algunos.

Como la Luna en Tauro es un signo de tierra, su signo de aire se mantendrá en la tierra. Sabe amar con sabiduría y es muy leal a sus allegados.

Sol en Libra + Luna en Géminis

Tiene doble signo de aire, representa a los gemelos y a la balanza. Le encanta conversar, es muy inteligente y tiende a decir lo que piensa sin filtro.

Como resultado, su Luna en Géminis le hace sentir que siempre tiene grandes ideas, y su Sol en Libra es el que le calma antes de que se entusiasme demasiado con un sinfín de posibilidades.

Sol en Libra + Luna en Cáncer

Su Luna en Cáncer querrá rodear a todos de amor, ya que ese signo es conocido por tener una vibración de paternidad. Los Libra también son conocidos por cuidar a sus seres queridos. Si tiene estos dos signos, es probable que sea un individuo devoto. De hecho, se dedica a ayudar a otras personas que tienen dificultades.

Su Sol en Libra equilibrará las poderosas emociones de Cáncer, mientras que el cangrejo le da a Libra una visión más intensa de la vida. Sin embargo, tenga cuidado, ya que puede volverse demasiado dependiente de los demás.

Sol en Libra + Luna en Leo

Su Luna en Leo le pedirá a gritos a su Sol en Libra que siga buscando el amor, ya que ambas partes son conocidas por sus formas románticas. Esta combinación significa que es el alma de la fiesta, y lo disfruta.

A veces puede parecer que nunca puede ser su verdadero yo, especialmente cuando siente que otros brillan más que usted. Tenga en cuenta que debe prestar atención a lo que le dice su intuición, ya que ella es la que manda.

Sol en Libra + Luna en Virgo

Es una persona a la que le encanta estar en una relación. Al principio puede parecer distante, pero en cuanto exploras sus profundidades, se da cuenta de que estar con otra persona le hace realmente feliz. Ahora bien, todavía deberá trabajar en sus formas hipercríticas, considerando que no todo el mundo está dispuesto a escuchar todo lo que tiene que decir.

En general, se toma su tiempo para confiar en los demás, y es perfectamente normal que ponga a prueba a los demás antes de confiar completamente en ellos. Aunque ya conozca a la persona y sea su mejor amigo, tendrá que sacar a la luz algunos problemas.

Sol en Libra + Luna en Libra

Nunca hay demasiados Libras dobles en el mundo. Si es usted un Libra doble, lo más probable es que le guste estar con los demás, pero no disfruta discutiendo sus emociones. Se preocupa más por vivir en paz que por navegar en los mares de los sentimientos.

Sin embargo, deberá encontrar un equilibrio saludable. Necesita aceptar el hecho de que siempre tendrá demasiadas opciones para elegir, y esto podría sacarlo de su zona de confort.

Sol en Libra + Luna en Escorpio

Usualmente es una persona que trata de traer calma y paz a la vida de sus amigos y familiares. Es la persona que procurará ir hasta el fondo del océano si eso significa que encontrará la verdad, y la honrará.

Le encanta hablar en público porque sabe que es diplomático y que puede conseguir cosas. Sin embargo, necesita guardar algunas cosas para sí mismo, especialmente cuando no se siente demasiado cómodo con los demás.

Sol en Libra + Luna en Sagitario

Es la persona más optimista de todas. Es uno de los pocos que se levanta continuamente y lucha por sus derechos, es decir, lucha con amor, porque evita las confrontaciones.

También le encantan las aventuras y tratar de ver lo bueno en todo. Es el compañero de viaje perfecto para mucha gente, y ni siquiera es consciente de ello. Si tiene esta combinación, probablemente nunca diga "no" a algo espontáneo, como viajar en bicicleta por Sudamérica o vivir en una isla casi desierta durante un par de meses.

Sol en Libra + Luna en Capricornio

Si tiene estos signos, es probable que trabaje en sus sueños. Es el que siempre tiene un nuevo proyecto a la vista o trabaja continuamente en ideas geniales y creativas. Su Sol en Libra suavizará su Luna en Capricornio, lo cual es estupendo para usted. De lo contrario, puede que se aísle demasiado del resto del mundo.

Hay una energía única dentro de usted porque, por un lado, se siente seguro de sí mismo y de su conexión con los demás. Por otro lado, está completamente concentrado en lo que sucederá a continuación y en lo que puede lograr.

Sol en Libra + Luna en Acuario

Si es una mezcla de estos dos signos, debe saber que todo cambia y todo pasa. Es posible que se sienta confundido a lo largo de su vida porque estos dos signos son conocidos por su capacidad de divagar.

Debe saber que es una persona íntegra que intenta ver el bien en el mundo y que trabaja para conseguirlo. Está perfectamente bien si siente que un día puede salvar al resto de la humanidad, y su Sol en Libra le ayudará a hacerlo.

Sol en Libra + Luna en Piscis

Si ha nacido con esta combinación, lo más probable es que haya experimentado fases difíciles a lo largo de su vida. Primero, desea nadar en las profundidades del océano de sus pensamientos. Luego, usted considera que lo mejor es mantenerse alejado, en un lugar donde pueda ver todos los lados.

También posee una intensa intuición emocional, y debe prestarle atención. No acepta el maltrato ni a las personas que juzgan a los demás.

Capítulo 8: Luna en Escorpio

Símbolo: El escorpión

Elemento: Agua

Cualidad: Fijo

Casa gobernante: Octava

Planeta regente: Plutón

Una breve explicación de la Luna en Escorpio

Si tiene la Luna en Escorpio, le encanta experimentar nuevos comienzos. Siempre buscas ese impulso interior para explorar el resto del mundo en segundos. Es una persona que solo sigue sus deseos y sueños.

Si ha nacido con la Luna en Escorpio, ve las cosas en blanco y negro. A veces puede aportar un toque de color, pero la mayor parte del tiempo se dirige hacia alguna zona oscura.

Esto no significa que sea una mala persona o que se centre demasiado en las energías negativas; solo significa que está en contacto con la muerte y no le tiene miedo. Ha visto más allá de lo que otros signos pueden haber visto y ha descubierto algunos grandes misterios que a muchos les encantaría descubrir.

Usted tiende a guardar su vida personal como si fuera un bulldog que protege a su dueño. Pero también es una persona muy cariñosa una vez que se permite estar con los que le quieren.

Es muy inteligente y trabaja en proyectos difíciles que requieren su atención durante mucho tiempo. Sin embargo, en contra de las creencias populares, es una persona intuitiva a la que le gusta expresar sus sentimientos con sus allegados. No le gustan las charlas triviales.

La Luna en Escorpio y sus rasgos de personalidad

Puntos fuertes de la Luna en Escorpio

Trabaja duro

Sabe que su trabajo duro acabará dando sus frutos, así que lo da todo para convertirse en el mejor en lo que hace.

Es quien está detrás de muchas empresas internacionales, y su jefe sabe que depende de usted porque nadie hará el trabajo como usted.

Es una persona comprometida

Ya sea que se comprometa con su trabajo, su familia o sus relaciones, por lo general los pondrá en primer lugar. Incluso descuidará sus necesidades personales para cuidar de sus allegados.

Si su Luna está en Escorpio, siempre estará cuidando su imagen pública. No por vanidad, sino porque sabe que los demás se interesan en copiarlo porque creen que es un buen ejemplo.

Es valiente

Si es un artista, es probable que todo el mundo hable de sus obras porque se atreve a hablar de cosas que se consideran tabú. Es muy creativo y sabe que puede decir lo que piensa a través de su arte.

Sin embargo, también acepta con valentía cuando los demás le muestran una nueva información, incluso si eso destruye sus valores. Su signo lunar Escorpio le guiará hacia su verdad.

Es muy emocional

Aunque la mayoría de la gente no estará de acuerdo porque no le conoce, usted es un individuo muy emocional si su Luna está en Escorpio. Puede que incluso le cueste admitirlo porque no quiere mostrarse así.

Pero usted es quien escudriñará los sentimientos y las energías de los demás para ver de dónde provienen. Su intuición también le permitirá estar seguro la mayor parte del tiempo.

Debilidades de la Luna en Escorpio

Es demasiado rígido

Nadie le dirá nunca que es rígido porque probablemente tenga miedo de perderlo. Esto solo demuestra cómo ve todo de una manera u otra.

Algunos individuos con la Luna en Escorpio se obsesionan con una sola cosa y luego no hacen tiempo para el resto de sus intereses. Si acaba de descubrir algo que le fascina, lo más probable es que lo domine en poco tiempo.

Es manipulador

Sabe cómo llegar a los puntos débiles de los demás y no se avergüenza de admitirlo. Este puede ser su lado más oscuro que sale a la luz y trata de expresar sus emociones genuinas.

Usted tiende a ser manipulador cuando siente que las cosas están a punto de cambiar abruptamente o quiere mantener el statu quo tal como está.

Busca la soledad

La Luna en Escorpio estará encantada de permanecer sola durante todo el año. No le importa no socializar ni salir, sino todo lo contrario, quedarse en casa es su actividad favorita.

Sin embargo, si busca continuamente la soledad, ¿cómo va a crecer? Necesita dejar que los demás entren, al igual que ellos le dejan entrar en sus vidas.

Sus inseguridades pueden sobrepasarle

Cree que es una persona segura de sí misma y, en general, lo es. Por otro lado, puede haber momentos en los que ahonde en sus energías y se dé cuenta de que las cosas no siempre se ven bien.

Sus inseguridades están ahí, y de vez en cuando, permite que salgan a la superficie para explorarlas. La mayoría de las veces, no se ocupa de estos problemas porque está demasiado ocupado haciendo otra cosa.

La Luna en Escorpio y su compatibilidad amorosa

La Luna en Escorpio es valiente y quiere sumergirse en lo más profundo de sus emociones, pero valora su intimidad como ninguna otra cosa. Independientemente de la ubicación de su Sol o Luna, este signo suele tener compatibilidad amorosa con otros signos lunares de aire (Acuario, Géminis, Libra) o de agua (Piscis, Cáncer).

La Luna en Escorpio necesita a alguien que se atreva a dar el paso con él y que no tenga miedo de ser oscuro y aportar luz al mismo tiempo. Tiene valores muy fuertes y no da por sentado el amor.

Es probable que su Luna en Escorpio le lleve a los límites. Cuando acepte este signo y su efecto en su vida en general, verá quién es realmente.

La Luna en Escorpio busca la estabilidad en la pareja. En muchos sentidos, la Luna en Cáncer puede compartir muchos de estos sentimientos con usted. Pero también hace hincapié en su química sexual en primer lugar, especialmente cuando está empezando una nueva relación amorosa. La Luna en Escorpio es una persona dispuesta a pasar al siguiente nivel si eso significa que obtendrá una satisfacción inmediata.

Por el contrario, la Luna en Escorpio es menos compatible con la Luna en Capricornio. El signo de tierra le dirá a la Luna en Escorpio cómo tiene que comportarse, lo cual es algo que el escorpión no puede tolerar.

Escorpio como signo solar y los diferentes signos lunares

Sol en Escorpio + Luna en Aries

Si tiene esta combinación, entonces es alguien a quien le encanta explorar su lado sexual, y a diferencia de cualquier otro signo del zodiaco. De hecho, no debería sorprenderse si piensa que solo atrae a las personas para poder disfrutar de una o dos noches ardientes.

Si esta es su combinación, confía en su intuición en todos los niveles. Aun así, necesita explorar el mundo y ver cómo es ahí fuera. Si no, se centra demasiado en sí mismo y pierde de vista lo que le importa, su libertad.

Sol en Escorpio + Luna en Tauro

Si tiene la Luna en Tauro, es una persona que siente todo profundamente. Sus niveles de intensidad son demasiado altos la mayor parte del tiempo. Tiene la Luna en Tauro que es muy terca y le dice constantemente lo que tiene que hacer.

Como signo de agua, Escorpio hará que Tauro salga de su zona de confort, que es la única manera en que puede crecer. Además, Tauro aportará un sentido de estabilidad emocional a su Sol en Escorpio, por lo que se convierten en una poderosa combinación.

Sol en Escorpio + Luna en Géminis

Esta combinación tiene que ver con seguir su intuición. A veces estos dos signos competirán para ver cuál de ellos llama más su atención. El signo de agua aporta un agradable toque intelectual a su Luna en Géminis, que siempre está buscando nuevas ideas.

Sabe establecer límites, aunque siempre intenta romperlos; no tiene miedo de decir lo que piensa y no tiene problemas en mandar a callar a los demás si no están de acuerdo con usted.

Sol en Escorpio + Luna en Cáncer

Estos dos son otra combinación intensa. Aunque estos signos pueden funcionar bien juntos, sobre todo por su similitud, pasarán por momentos difíciles cuando las mareas suban por encima de sus niveles habituales.

Por otra parte, su Sol en Escorpio tiende a ser una energía muy masculina, mientras que su Luna en Cáncer tiene toda la destreza femenina. Si ha nacido bajo esta combinación, sabe perfectamente cuándo es el momento adecuado para liberar estos dos signos de agua en su existencia.

Sol en Escorpio + Luna en Leo

Tiene dos signos muy diferentes, fuertes y robustos que llaman a su puerta. El Sol en Escorpio suele ser alguien intenso y serio. Mientras tanto, la Luna en Leo es siempre el alma de la fiesta. El verdadero truco de esta combinación es no eclipsar nunca al otro.

Le gusta controlar las cosas, aunque eso signifique que acabará yendo a lugares oscuros que no sabía que existían.

Sol en Escorpio + Luna en Virgo

Parece que siempre sabe lo que va a pasar. Su Luna en Virgo es la que se ocupa del panorama general, mientras que su Sol en Escorpio le dirá hacia dónde tiene que mirar a continuación.

También es una persona intensamente intuitiva, pero eso puede agradecérselo al Sol en Escorpio. Si quiere mantenerse en equilibrio, intente meditar o realizar otra técnica de relajación. Lo ideal sería que su mente dejara de analizar todo debido a la Luna en Virgo.

Sol en Escorpio + Luna en Libra

Habitualmente es la persona que trata de llevar la calma y la paz a la vida de sus amigos y familiares. Aunque también les advierte, siempre les mostrará la realidad y la verdad, y no un ideal borroso.

Le encanta hablar en público porque sabe que es diplomático y que puede conseguir las cosas. Aquí es donde entra en juego su Luna en Libra. Sin embargo, necesita guardar algunas cosas para sí mismo, especialmente cuando no se siente demasiado cómodo con los demás. No quiere que le llamen grosero todo el tiempo, especialmente cuando los demás no están preparados para entender lo que está diciendo.

Sol en Escorpio + Luna en Escorpio

Un doble Escorpio es una combinación poderosa. Probablemente esté pasando por momentos difíciles, al menos para usted, que son muy frecuentes, porque parece que no puede salir a la superficie para tomar aire puro.

Necesita concentrar su energía en hacer algo nuevo, que nunca antes se había planteado. Debe limpiar su interior si quiere dejar de luchar contra la vida. Sabe que tiene mucho potencial, pero primero necesita creer en sí mismo.

Sol en Escorpio + Luna en Sagitario

Es probable que cuestione todo. Una simple pregunta, como: "¿Qué hay para cenar?", puede hacer que se sumerja en zonas rocosas que no sabía que existían. La Luna en Sagitario no hará más que intensificar estos sentimientos de cuestionamiento de absolutamente todo en la vida.

También suele ser una persona a la que le gusta huir. No importa a dónde se vaya si deja el lugar que le hace sentir incómodo.

Sol en Escorpio + Luna en Capricornio

Esta combinación es poderosa, principalmente porque difieren completamente entre sí. Probablemente piense que una parte de usted proviene de un planeta y la otra de un universo diferente. La verdad es que probablemente tenga razón.

Deberá lidiar con muchas batallas internas para ver quién cobra vida en usted. ¿Está ganando el signo de agua? ¿O la Luna en Capricornio lleva la delantera? De cualquier manera, debe saber que todo pasa, y pronto sentirá que estos dos signos se equilibran mutuamente de una manera relativamente tranquila.

Sol en Escorpio + Luna en Acuario

Esta es una combinación genial e interesante. El Sol en Escorpio es el que va primero porque sabe lo que debe hacer. La Luna en Acuario es la que guía al resto por su capacidad de percibir la ayuda que necesitan los demás.

Es una persona compasiva que no tiene miedo. Nada puede pararle, y sabe que es un recurso valioso para muchos individuos que le admiran. Cuanto más se aleja de su casa, más en paz se siente.

Sol en Escorpio + Luna en Piscis

Tanto Escorpio como Piscis lucharán por mantener el trono. Es probable que la Luna en Piscis le diga que deje de nadar en dirección a Escorpio. Del mismo modo, es probable que el Sol en Escorpio le diga que tiene que volver a donde está Escorpio.

Siempre está mejorando. Ya sea que esto signifique que está teniendo éxito académico o inventando cosas nuevas, su mente viaja a lugares innovadores en los que nadie más ha estado.

Capítulo 9: Luna en Sagitario

Símbolo: El centauro / el arquero

Elemento: Fuego

Cualidad: Mutable

Casa gobernante: Novena

Planeta regente: Júpiter

Breve explicación de la Luna en Sagitario

Usted es la Luna independiente, la que puede salvar al resto de los signos, y la que muestra lo divertido que es jugar y seguir avanzando.

Tiene una Luna tan poderosa, y sin embargo no parece ser plenamente consciente de ello. Con este signo en su Luna, puede viajar a lugares lejanos sin siquiera levantarse del sofá.

Es un líder nato apoyado por Júpiter, el planeta de la expansión y la buena suerte. No es de extrañar que siempre sienta que el trueno de la buena suerte le golpea.

Con la Luna en Sagitario, ha nacido para ser único. Es usted quien va a los lugares más lejanos solo para darse cuenta de que su verdadero hogar está dentro. Usted idolatra las culturas extranjeras y le fascina el funcionamiento de la mente de las personas, al igual que tiende a estudiar cada fenómeno que ve o experimenta.

Es amable y generoso, pero también se aferra a su verdad y no deja que nadie le afecte. Esto, por supuesto, podría causarle algunos problemas, sobre todo cuando los demás piensen que solo es odioso. Sin embargo, detrás de esa fachada, es usted un buen amigo que hace reír a todo el mundo con sus ocurrencias.

Si ha nacido con la Luna en Sagitario, piense rápido y actúe más rápido. Es un verdadero animal del zodiaco y un ser humano completo.

La Luna en Sagitario y sus rasgos de personalidad

Puntos fuertes de la Luna en Sagitario

Es inteligente

No es que usted dé una respuesta inteligente; es más bien que toda su vida se basa en dar respuestas inteligentes a la gente. Todo el mundo acude a usted en busca de conocimientos y de su sabia energía.

No es extraño verlo enseñando a otros, incluso en sus días libres. Le encanta ayudar a los demás, especialmente en temas filosóficos profundos que pueden conducir a muchas respuestas sólidas.

Se preocupa por los demás

Puede que diga que no lo hace, pero se preocupa más por los demás que por usted mismo. Según su opinión, está bien ayudar a los demás primero, y luego el universo le ayudará gustosamente a usted también.

Algunos discutirán sus razones, pero la verdad es que usted ayuda a los demás porque se preocupa por ellos. Ya sea que los acabe de conocer hace cinco minutos y tenga una conexión instantánea, o si se trata de alguien que conoce desde hace un par de años, no importa porque igual salvaría la vida de ambos en un santiamén.

Es rápido para analizar

Es rápido para analizar una situación, especialmente las difíciles. Es usted un símbolo del fuego, por lo que defenderá sus derechos hasta el final.

Es un pensador profundo; sin embargo, debe cuidarse y dejar de analizar continuamente, o puede experimentar el agotamiento porque su mente parece no dejar de trabajar nunca.

Es muy optimista

La Luna en Sagitario es el signo más optimista del zodiaco. Quizás sea porque Júpiter, el planeta más grande y prominente de la galaxia, le rige. O tal vez sea porque estás profundamente conectado con su verdadera energía. No importa. Si usted visualiza algo, obtendrá ese algo.

El hecho de ser optimista no significa que sea una persona afortunada todo el tiempo. Además, puede y debe tener sus días malos. Pero este signo le enseñará que una gran lección es reconocer lo bueno gracias a lo malo.

Debilidades de la Luna en Sagitario

Es demasiado crudo

No le importa ser crudo, ya que no puede ser de otra manera. Generalmente es el que siempre dirá las frases más difíciles en un grupo. Usted da respuestas, pero las da de una manera tan directa, cruda y poderosa que pocas personas están dispuestas a escucharlo.

Es brutalmente honesto cuando debe hacerlo, aunque sea cuando habla consigo mismo. A veces, la forma en que expresa sus sentimientos puede herir a sus allegados.

No tiene paciencia

Es impaciente sin razón porque la mayoría de las veces, termina esperando de todos modos. Lo ideal sería hacer todo en un día. Pero solo hay veinticuatro horas en un día, y a veces hay que esperar.

Además, usted nunca baja el ritmo, ni siquiera por un segundo. La Luna en Sagitario está constantemente tratando de encender una llama, incluso si está lloviendo a cántaros.

Es un buscador de atención

Más a menudo de lo que le gustaría admitir, se ha visto a sí mismo tratando de captar la atención de todo el mundo. Es como si se alimentara de eso. No sabe por qué, pero tener la atención de todos le hace sentir que tiene el poder y el control de la situación.

Usted reclama la atención, pero no se la da a sí mismo. La mayoría de las veces, se pierde al intentar mantener una conversación con los demás. No es porque no sean excitantes; es porque se aburre con facilidad, especialmente cuando la atención está en los demás.

Parece descuidado

Los demás pueden percibirle como descuidado cuando discuten con usted. Es casi como si no le importara lo que la otra persona piense o sienta, ya que necesita transmitir su punto de vista, y no le importa si dice algunas verdades hirientes.

Según usted, es un héroe por hablar claro. Sin embargo, otros pueden estar en desacuerdo con esto y lo consideran grosero y descuidado.

La Luna en Sagitario y su compatibilidad amorosa

A la Luna en Sagitario le gusta ser independiente y solo establece una relación con alguien que sea tan independiente y libre como lo es él.

Si esta es su Luna, lo más probable es que quiera vivir su vida de forma excéntrica. Independientemente de la ubicación de su Sol o Luna, este signo suele tener compatibilidad amorosa con otros signos lunares de fuego (Aries, Leo) o de aire (Acuario, Géminis, Libra).

La Luna en Sagitario necesita a alguien que la lleve a otro país, o al menos a un pequeño pueblo en medio de la nada. Desea explorar el mundo y quiere hacerlo ahora. Sabe que, si pospone sus sueños, puede ser demasiado tarde al final del día.

La Luna en Sagitario es la que busca la libertad, la novedad y el amor. Generalmente es quien dice "te amo" primero, pero solo porque le rige Júpiter, el planeta que ama expandirse. Su Luna va especialmente bien con un Géminis, ya que ambos probarán formas nuevas y divertidas de conocerse.

Sin embargo, la Luna en Sagitario es menos compatible con la Luna en Capricornio. El signo de fuego probablemente querrá viajar sin detenerse nunca, mientras que al signo de tierra le gustaría quedarse quieto y construir un imperio donde está.

Sagitario como signo solar y los diferentes signos lunares

Sol en Sagitario + Luna en Aries

Si tiene esta combinación, es usted una persona a la que le encanta explorar culturas extranjeras. Si fuera por usted, viviría en todos los países del mundo a lo largo de su vida porque sabe que hay mucho que ver.

Es alguien que aspira a más. Ya sea aprendiendo un nuevo idioma o aceptando un trabajo arriesgado, necesita vivir su vida a su manera. Cuanto más se salga de las creencias convencionales, más libre se sentirá.

Sol en Sagitario + Luna en Tauro

Esta combinación es conocida por ser aventurera, con los pies en la tierra y por ser una gran contadora de historias. Si su Luna está en Tauro, usted es alguien que necesita conectarse a la tierra constantemente. No está mirando al cielo; está mirando sus pasos y lo lejos que ha llegado.

Sin embargo, un signo intentará imponer su forma de ver la vida al otro. Como resultado, existe la posibilidad real de tener una lucha interna persistente, ya que ambos lucharán con fuerza pase lo que pase.

Sol en Sagitario + Luna en Géminis

Si alguna vez ha conocido a un Sol en Sagitario con la Luna en Géminis, sabrá que están dispuestos a reírse. Así que, si estos son sus signos, tienen suerte.

Una persona con esta combinación siempre tiene algo que decir, y suele ser algo interesante. Sus niveles de optimismo a veces están por las nubes, y se esforzará por alcanzar sus sueños, y a menudo tiene mucha suerte.

Sol en Sagitario + Luna en Cáncer

Una persona con esta combinación es alguien que se lleva bien con los niños porque lo conectan fuertemente con su niño interior. Sagitario iluminará hasta las habitaciones más oscuras, mientras que el cangrejo protegerá a todos los demás.

Si esta es su combinación, no se toma en serio a sí mismo, pero sí a los demás. Es el alma de cualquier fiesta, pero también le parece bien que otra persona sea el centro de atención.

Sol en Sagitario + Luna en Leo

Esta es una combinación divertida. Es una persona muy extrovertida a la que le encanta hacer nuevos amigos. Todo el mundo en su vecindario sabe de usted y de su estilo extravagante.

Aunque la Luna en Leo tratará de mantener las cosas sencillas, usted es un verdadero Sagitario al que le encanta mostrar lo mucho que se divierte. Podría ser una batalla constante entre los egos de sus dos signos.

Sol en Sagitario + Luna en Virgo

Si un Sagitario quiere demostrar su lado aventurero, esta combinación será la adecuada. Ha nacido para explorar y le encanta viajar, pero quiere construir su propio hogar cerca de sus seres queridos.

Si tiene esta combinación, es probable que sea una persona muy social. Deseará ir a todas las fiestas que haya y estar en todos los lugares al mismo tiempo. Irse a la cama temprano no es algo que usted haga. Las reglas externas no limitan su independencia.

Sol en Sagitario + Luna en Libra

Es una persona optimista, pero a veces la Luna en Libra le dirá que por favor se calme antes de causar una gran escena. Puede que le haya tocado la lotería y su Luna en Libra seguirá diciéndole que se calme.

También le gustan las aventuras y tratar de ver lo bueno en todo. Sin embargo, el Sol en Sagitario va más rápido que la Luna en Libra y, a veces, esto podría significar que usted viaja espontáneamente al otro lado del mundo durante la cena.

Sol en Sagitario + Luna en Escorpio

Probablemente tenga una voz interior que lo hace todo con usted y habla con usted todo el tiempo. Esa voz es la Luna en Escorpio. Incluso la pregunta más sencilla irá seguida de un larguísimo monólogo que explicará al Sol en Sagitario por qué la Luna en Escorpio tiene razón.

También intensificará su Luna en Escorpio porque es uno de los signos de fuego más grandes. Dirá las cosas de forma clara y a la vez concisa.

Sol en Sagitario + Luna en Sagitario

La doble Luna en Sagitario es un dúo poderoso. Generalmente es usted el que siempre responde "sí", incluso cuando la pregunta aún no ha concluido. Al escuchar la palabra "viaje", ya tiene las maletas hechas y está listo para salir.

No puede quedarse en un solo lugar. Es físicamente imposible para usted. Por eso, probablemente ha viajado durante todo el año. No le importa echar de menos a su familia o a sus amigos íntimos. Sabe que el resto del mundo y las personas que no ha conocido son su futura familia y amigos.

Sol en Sagitario + Luna en Capricornio

Esta es una combinación complicada e intensa. La Luna en Capricornio siempre le dice que tiene que hacer las cosas de manera diferente. También cuestiona todo lo que hace y con quién lo hace.

Por otro lado, es probable que el Sol en Sagitario le diga que no le importa la Luna en Capricornio. Sin embargo, en el fondo, sabe que se limita precisamente por este signo de tierra. Es hora de dejarse llevar.

Sol en Sagitario + Luna en Acuario

Esta es una combinación encantadora, que siempre está dispuesta a trabajar duro para experimentar la vida que se merece. El Sol en Sagitario es alguien a quien le gusta ayudar, y la Luna en Acuario es la que necesita ayudar a los demás. En general, es una persona que está muy dispuesta a sentirse útil.

No se queda quieto durante mucho tiempo. Es muy independiente y sabe lo mucho que se valora su libertad porque no conoce a nadie más que piense o actúe como usted.

Sol en Sagitario + Luna en Piscis

La Luna en Piscis es la que hará que su Sol en Sagitario se sienta más en paz. El signo de agua siempre está pendiente de usted. La Luna aguará el fuego de su Sagitario cuando sea necesario, le guste o no.

Pero su Luna en Piscis también es alguien que se adentra en su interior. Por eso, se pregunta constantemente si debe continuar con su viaje filosófico interior.

Capítulo 10: Luna en Capricornio

Símbolo: La cabra de mar

Elemento: Tierra

Cualidad: Cardinal

Casa gobernante: Décima

Planeta regente: Saturno

Una breve explicación de la Luna en Capricornio

Si la Luna está en Capricornio, es una persona a la que le gusta trabajar duro y no se detendrá hasta tener éxito en la vida. Es usted más feliz cuando trabaja en una oficina, y no le importa trabajar más de lo previsto si alguien nota su esfuerzo.

Es decidido y ambicioso, y la energía de su signo siempre le impulsa. La Luna es la que muestra lo que es la vida. También le muestra su gran proyecto, que es cómo puede vivir la vida al máximo, sin sucumbir a comportamientos y pensamientos tempestuosos.

Le encanta construir cosas, y eso incluye su vida. Usted supera muchos obstáculos del pasado y brilla con más fuerza cuando finalmente sale de ese túnel.

La Luna en Capricornio es alguien práctico. Si este es su caso, no teme ensuciarse las manos si es necesario, aunque preferiría que otro hiciera el trabajo sucio.

La Luna en Capricornio es una Luna tradicional. En otras palabras, no le gusta impresionar a nadie. Usted es como es, y si los demás pueden apreciarlo, estupendo. Si no es así, saben que la puerta siempre está abierta y pueden elegir fácilmente irse.

Por último, con la Luna en Capricornio, usted sabe lo que vale. Es su mayor admirador, y es leal a sí mismo y a sus seres queridos.

La Luna en Capricornio y sus rasgos de personalidad

Puntos fuertes de la Luna en Capricornio

Es divertido estar a su alrededor

A todo el mundo le gusta ser su amigo porque dice las cosas más divertidas. A veces la gente que le rodea no puede creer que acabe de decir algo, debido a que se ha atrevido a hacerlo, incluso aunque nadie más lo haya hecho.

Es el alma de la fiesta y todo el mundo conoce y adora su sentido del humor. Le gusta estar rodeado de otros, principalmente porque la Luna en Capricornio le guía hacia los demás.

Tiene los pies en la tierra

No tiene miedo de admitir cuando ha hecho algo mal. Usted no evita las disculpas, porque sabe que puede crecer a través de ellas. Como signo de tierra, sus pies están constantemente en el suelo. Debido a ello, es un individuo con los pies en la tierra al que le gusta compartir su vida con los demás.

Tiene una voluntad fuerte y permanece conectado con aquellos que realmente quiere en su vida. Los demás pueden ir y venir, pero usted se quedará.

Es muy leal

Cuando ama o admira a una persona, siempre le cubrirá la espalda porque sabe lo que es sufrir solo. Usted está ahí para los demás, y es leal a ellos.

Espera que los demás hagan lo mismo, pero sabe que cada uno recorre un camino diferente. La Luna en Capricornio le hace comprender esto.

Sigue sus instintos

Usted sabe que sus instintos guían su vida, especialmente cuando se concentra en un proyecto especial o se lanza a una nueva aventura.

De hecho, siempre ha sabido reinventarse y adelantarse a los demás. Su carisma está siempre a flor de piel porque sigue sus instintos.

Debilidades de la Luna en Capricornio

Es demasiado fuerte

Usted es un individuo fuerte. No le importa ser fuerte con los demás o consigo mismo. Sabe que, si una persona quiere tener éxito en la vida, tiene que escuchar algunas verdades duras. Sin embargo, a veces no se mide a sí mismo y acaba haciendo daño a los demás.

Cuando se enfada, el resto del mundo debería huir de usted. Se convierte en Godzilla, porque ¿cómo puede la otra persona no saber que lo que está haciendo le molesta?

No aceptará un "no" como respuesta

Usted no se detendrá hasta que la otra persona le diga "sí". Esto podría ser muy molesto para algunos, pero es uno de sus mayores rasgos según usted. En ocasiones comunicará lo que siente, mientras que otras veces se quedará callado y dejará que sus miradas hablen.

Especialmente detesta que alguien le diga "no" sin razón. Sin embargo, debe entender que a veces la vida tiene planes más grandes para usted. No todas las respuestas "no" son negativas.

No puede dejar de trabajar

Seguramente se va a la cama pensando en cómo será su día a la mañana siguiente. Está trabajando constantemente, incluso cuando está de vacaciones. Se siente como si fuera la persona más importante del mundo, y su negocio o trabajo se desmoronará si no está allí.

Suele olvidar cómo divertirse. Tanto si se trata de salir a comer como de ver a su familia o a sus amigos, necesita tener tiempo para usted; de lo contrario, sus niveles de energía podrían verse afectados.

Le gusta manipular a los demás

Sabe que puede cambiar la percepción de alguien diciendo un comentario o dejando caer una indirecta. Es demasiado emocional, así que cuando no le gusta lo que la otra persona puede hacer, esconde sus sentimientos y la manipula.

Esta actitud suele generar problemas, pero usted los ve y se va por otro lado.

La Luna en Capricornio y su compatibilidad amorosa

La Luna en Capricornio es alguien que valora su seguridad, su zona de confort y su vida. Si este es su signo lunar, sabe que nadie podrá impedirle alcanzar su futuro cuando empiece a visualizarlo. Independientemente de la ubicación de su Sol o Luna, este signo suele tener compatibilidad amorosa con otros signos lunares de tierra (Tauro, Virgo) o de aire (Acuario, Géminis, Libra).

La Luna en Capricornio necesita a alguien con quien pueda sentirse segura. Si ha nacido bajo este signo lunar, es una persona muy curiosa, pero le da miedo quedarse sola. Piense en una persona con miedo a la oscuridad. Le encanta dormir, pero tiene que hacerlo con las luces encendidas o no disfrutará de su descanso.

Si la Luna está en Capricornio, es probable que le diga a todo el mundo lo que piensa o cree. Si la persona no quiere oírlo, se lo dirá a gritos porque necesita desahogarse. La Luna en Capricornio es compatible con la Luna en Piscis porque el pez puede calmar a Capricornio.

En cambio, la Luna en Capricornio es menos compatible con la Luna en Géminis, aunque un Capricornio puede llevarse muy bien con otro signo de aire, como Libra. El signo de tierra probablemente esté demasiado ocupado tratando de explicar a los gemelos por qué no deben comportarse de esa manera, lo que, por supuesto, la Luna en Géminis encuentra molesto.

Capricornio como signo solar y los diferentes signos lunares

Sol en Capricornio + Luna en Aries

Esta combinación podría presentar algunos contratiempos, principalmente porque siempre hay una lucha entre Aries que no es consistente y Capricornio que trata de ser constante con todo lo que hace. Como resultado, la Luna en Aries puede hacer que un Capricornio abandone todo lo que está haciendo.

Debido al deseo incesante de Capricornio de tener éxito y hacerse un nombre, provocaría que la intensidad de Aries se disparara.

Sol en Capricornio + Luna en Tauro

Si ha nacido con esta combinación, es probable que sea el jefe más genial del lugar. La Luna en Tauro le hará trabajar extra duro, y el Sol en Capricornio probablemente aceptará este veredicto.

Las personas bajo estos signos suelen ser personas completamente centradas en su carrera y en su estatus social. Pueden tener problemas al tratar de navegar por sus emociones, por lo que es aconsejable tratar de explorar sus sentimientos.

Sol en Capricornio + Luna en Géminis

La Luna en Géminis significa que ama a pesar de todo. El Sol en Capricornio significa que le cuesta amar incondicionalmente a los demás, pero que lo sigue intentando.

Sin embargo, este signo de tierra permitirá a los gemelos sentirse más conectados con el mundo, y al revés. El Sol en Capricornio hará que su Luna en Géminis se sienta más conectada con la tierra.

Sol en Capricornio + Luna en Cáncer

Cáncer es conocido por ser sentimental, pero Capricornio no solo huye de sus emociones, sino que también es efusivo con sus sentimientos. La Luna en Cáncer significa que es probable que sea extra sentimental, y la mayoría de las veces, lo es sin que usted quiera que sea así.

Los resultados le estimulan y quiere ser el mejor en todo. Tiene un auténtico sentido del linaje y la lealtad, especialmente cuando sabe que la gente le admira.

Sol en Capricornio + Luna en Leo

Si necesita que alguien le ayude, llame a este Capricornio. Lo dejará todo de inmediato y vendrá a socorrerle en un abrir y cerrar de ojos. La Luna en Leo conoce el valor de las amistades, y hará todo lo posible por mantenerlas cerca.

Tener la Luna en Leo significa que este Capricornio probablemente se centrará en su ser interior, y su viaje seguramente será un paseo muy emocional e intenso. Confiarán en su capacidad para levantarse de nuevo, sin importar cuántas veces sea necesario.

Sol en Capricornio + Luna en Virgo

Si tiene la Luna en este signo de tierra, lo más probable es que le guste trabajar duro y meticulosamente. Es de los que siempre tienen dinero a final de mes porque toma previsiones a diario. Es probable que todos sus esfuerzos den sus frutos.

También tiene un fuerte deseo de estabilidad y su seguridad no depende de nadie más. La Luna en Virgo se encargará de que todos sepan lo mucho que ha trabajado.

Sol en Capricornio + Luna en Libra

Es el que siempre tiene un nuevo proyecto a la vista o está continuamente trabajando en grandes y creativas ideas. El Sol en Capricornio le hará analizar todo antes de comprometerse con algo.

Hay una energía única en usted porque, por un lado, se siente seguro de sí mismo y de su conexión con los demás. Por otro lado, está completamente concentrado en lo que va a suceder a continuación y en lo que puede lograr.

Sol en Capricornio + Luna en Escorpio

Esta combinación es poderosa, sobre todo porque difieren completamente entre sí. Probablemente piense que una parte de usted proviene de un planeta y la otra de un universo diferente. La verdad es que probablemente tiene razón.

Tendrá que lidiar con muchas batallas internas para ver quién cobra vida en usted. ¿Está ganando el signo de agua? ¿O el Sol en Capricornio lleva la delantera? De cualquier manera, sabe que todo pasa, y muy pronto, sentirá que estos dos signos coinciden de manera relativamente tranquila.

Sol en Capricornio + Luna en Sagitario

Esta es una combinación complicada e intensa. El Sol en Capricornio tiende a sobreanalizar todo, y la Luna en Sagitario no podría importarle menos. El Sol en Capricornio trata de conectar con su Luna en Sagitario, pero a veces parece imposible hacerlo.

Es probable que la Luna en Sagitario le diga que no le importa el Sol en Capricornio. Sin embargo, en el fondo, usted sabe que su signo de fuego solo está tratando de crear algunos problemas.

Sol en Capricornio + Luna en Capricornio

Si está buscando un signo que se fortalezca siempre, no busque más. Una persona que tiene un Capricornio doble es una persona obstinada, pero también será la primera en admitir que se equivocó.

Un signo de tierra doble es probable que agote a algunas personas. Son conocidos por ser nerds con libros que necesitan escribir todo, o no lo recordarán.

Sol en Capricornio + Luna en Acuario

Esta combinación es poderosa porque se relacionan muy bien. La Luna en Acuario aporta un equilibrio perfecto al Sol en Capricornio. Este signo de aire acuariano le enseñará al signo de tierra capricorniano a fluir más intensamente.

La Luna en Acuario le dará un sentido más amplio de pertenencia, y pronto comenzará a notar que hay más en la vida que su casa o patio trasero.

Sol en Capricornio + Luna en Piscis

Estos dos signos forman una combinación encantadora. Sorprendentemente, la Luna en Piscis le hará profundizar en su interior mediante un viaje de sanación. Es algo que nunca creyó que sucedería, pero llegará a sí mismo si lo permite.

Usted es una persona a la que le gusta hablar con su familia y amigos durante horas, sin parar. Le admiran, y usted es su líder, a veces sin siquiera saberlo.

Capítulo 11: Luna en Acuario

Símbolo: El aguador

Elemento: Aire

Cualidad: Fijo

Casa gobernante: Undécima

Planeta regente: Urano

Una breve explicación de la Luna en Acuario

Si hay un signo que representa la libertad, Acuario es la elección perfecta. Es una persona que siempre está luchando por sus derechos. Una persona que trata de alcanzar sus sueños, sin importar lo grandes que parezcan.

Puede parecer que es una persona irritable para el mundo exterior, pero es un suave oso de peluche que busca el amor. Por eso, trabaja bien en equipo, aunque a veces no quiera admitirlo.

Si ha nacido bajo este signo lunar, le encanta viajar a nuevos lugares, pero también aprecia una vida tranquila que pueda compartir con sus allegados.

No le importa ser el "raro" o el que destaca. Por el contrario, usted prefiere diferenciarse del resto de la multitud común.

Es muy temperamental, pero la mayoría de la gente estará de acuerdo en que tiene una razón detrás de su rápido cambio de humor. También le preocupa su futuro, aunque tiende a olvidarlo al poco tiempo.

Le encanta escabullirse, no necesariamente porque tenga problemas, sino porque quiere que los demás piensen que es una persona misteriosa. Es excéntrico, y nadie lo dudará.

Así mismo, dirá lo que piensa, incluso si eso le hace ganar un par de enemigos. Mostrará su visión de cómo debería ser el mundo, pero lo hará con respeto.

La Luna en Acuario y sus rasgos de personalidad

Puntos fuertes de la Luna en Acuario

Es independiente

Le gusta marcar su ritmo y no le importa que los demás le sigan. Sin embargo, si se interpone en su camino, le dirá amablemente dónde puede ir. Es tan independiente que a veces se olvida de que tiene familia y amigos.

Siempre está buscando formas de independizarse. Tanto si busca su camino profesional como si quiere ser padre o madre de familia, usted es el único que tendrá voz y voto en lo que acabe haciendo.

Aporta algo nuevo

Todos los que le conocen lo saben, y le quieren por ello. Generalmente es usted quien tiene nuevas ideas, proyectos y objetivos. Sabe cómo alcanzarlos, y se esforzará por hacerlo.

Es una persona original. Es creativo y siempre tiene algo que decir que aporte valor a la conversación.

Sabe cómo innovar

Si ha nacido con la Luna en Acuario, probablemente tenga un negocio exitoso o esté en camino de crear uno. Es una persona muy innovadora que siempre se esfuerza por conseguir lo mejor.

Le gusta formarse para sentir que puede educar y ayudar a los demás. Sus jefes suelen estar contentos con usted porque saben que es una persona confiable.

Es inteligente

Puede leer a los demás como si se leyera a sí mismo. Es inteligente, y lo sabe, por lo que utilizará esto a su favor para obtener una ventaja en comparación con los demás.

Es una persona muy curiosa, y siempre demostrará su inteligencia a través de sus descubrimientos.

Debilidades de la Luna en Acuario

Puede perder los estribos rápidamente

Según usted, está bien explotar si es necesario. Como resultado, está feliz un minuto, y al siguiente, podría maldecir a todos a su alrededor porque no puede soportar algo que han dicho o hecho.

El temperamento de Acuario es radical, y es consciente de ello. Ni siquiera intenta ocultarlo porque sabe que le hace único.

Es una persona que ama la distancia

No es necesario que esté encerrado en una casa con una persona para sentir que la conoce. Puede estar en el otro lado del mundo, hablando por teléfono regularmente con alguien que nunca ha conocido en la vida real, y sin embargo sabe quién es.

Le encanta mantener la distancia; por lo tanto, una persona con la Luna en Acuario está bien cuando debe mudarse al otro lado del mundo sin su familia o amigos.

Le encanta juzgar a los demás

Una cosa es segura, no le importa juzgar a los demás, y no le importa cuando la gente lo juzga a usted. Señala a los que cometen errores, y le costará olvidarse de ellos.

También suele tomarse su tiempo para decirle a los demás por qué están fallando, aunque nunca le hayan preguntado al respecto.

Usted contradice todo

Parece que su mente está constantemente divagando, y algunos días dirá que todo es blanco, y otros días, dirá que todo es negro. No sabe dónde va a estar cada vez que se despierta.

Así es como usted es, una persona contradictoria, la mayor parte del tiempo, pero no lo hace a propósito. Lo hace solo porque así es como es usted.

La Luna en Acuario y su compatibilidad amorosa

La Luna en Acuario es alguien que valora su libertad y quiere viajar por el mundo sin boleto de regreso. Si este es su signo, lo más probable es que quiera conocer a alguien que pueda seguir su ritmo, aunque sabe lo difícil que puede ser a veces, sobre todo cuando no está seguro del rumbo de su vida.

Independientemente de la ubicación de su Sol o de su Luna, este signo suele tener compatibilidad amorosa con todos los signos de fuego (Aries, Leo, Sagitario) o de tierra (Capricornio, Tauro, Virgo).

La Luna en Acuario necesita a alguien que comprenda su necesidad de huir, pero que esté dispuesto a acogerla cuando decida volver. Tiene un fuerte sentido de la humildad, pero a veces no puede conciliar su futuro con su presente o su pasado.

La Luna en Acuario es probable que vaya hasta el fin del mundo si eso significa que protegerá y defenderá su forma de pensar. Son tan tercos que ni siquiera les importará perder algunas amistades en el camino si se mantienen comprometidos con su verdad.

La Luna en Acuario es la que busca un compañero de viaje, y lo encontrará con la Luna en Sagitario. Ambos se complementarán, y aportarán sus mejores rasgos.

Cabe destacar que la Luna en Acuario es menos compatible con la Luna en Libra. Esta combinación de dos signos de aire probablemente hará que se sientan aburridos o como si les faltara algo.

Acuario como signo solar y los diferentes signos lunares

Sol en Acuario + Luna en Aries

Esta combinación es intensa y les gusta hacer las cosas. Acuario es alguien que trata de entender la perspectiva de otra persona, y la Luna en Aries le acercará a otras realidades.

Si ha nacido con estos dos signos, es probable que usted sea una persona directa que dirija sus llamas hacia la solución de los mayores problemas que se le presenten. Es muy independiente, y a veces le cuesta dejar entrar a los demás y disfrutar de su compañía.

Sol en Acuario + Luna en Tauro

Cuando estos dos signos se combinan, se esforzarán por ver la justicia en el mundo, o al menos en su interior. La Luna en Tauro hará que cualquier Sol en Acuario trabaje duro por lo que quiere y necesita.

Sin embargo, Acuario hará que el toro trabaje en equipo, algo que el signo de tierra no está acostumbrado a hacer.

Sol en Acuario + Luna en Géminis

Esta es otra pareja doble de signos de aire. Una persona nacida con esta combinación lucha por sus ideales. No se limitan a sentarse y ver cómo el resto del mundo emprende algo. Al contrario, si en su lugar pudieran iniciar una revolución, lo harían.

No obstante, la Luna en Géminis le hará sentir que pertenece al mundo, y empezará a sentir la necesidad de comunicar las injusticias que ocurren en todas partes.

Sol en Acuario + Luna en Cáncer

El Sol en Acuario con la Luna en Cáncer es alguien independiente que anhela más independencia. Puede parecer una persona emocionalmente distante cuando siente que algo puede ser extraño en una situación. Es más, confía en su naturaleza instintiva para tomar decisiones importantes, y suele funcionar bien a su favor.

Acuario es un signo de aire, por lo que tener la Luna en Cáncer le hará sentirse más a gusto cuando ayude a los demás. Esta combinación es el equilibrio perfecto entre el servicio y la fidelidad a uno mismo.

Sol en Acuario + Luna en Leo

Estos dos signos son directamente opuestos en la carta del zodiaco. Se equilibran mutuamente, pero también impulsan al otro a salir de su zona de confort y ver más allá de sus narices.

Tener la Luna en Leo significa que este Acuario está listo para ser el centro del escenario por un minuto o dos. No se emociona todo el tiempo, aunque puede sentir que su fuego está listo para estallar y esparcirse gracias al signo de aire.

Sol en Acuario + Luna en Virgo

No tiene que buscar más allá una combinación de signos más cerebral. Es la elegida. Esto no significa que no tenga corazón; solo significa que prefiere pensar con la cabeza, y a veces prefiere no sentir en absoluto. Se podría argumentar que las emociones le hacen sentir incómodo, por lo que las evita.

Aun así, se trata de una combinación interesante porque su Sol en Acuario se asegurará de que siga siendo independiente. Usted se pregunta constantemente: "¿Cómo puedo servir a los demás?" y "¿Cómo puedo estar solo?" si está bajo esta combinación.

Sol en Acuario + Luna en Libra

Si es una mezcla de estos dos signos, debe saber que todo cambia y todo pasa. Es posible que se sienta confundido a lo largo de su vida porque estos dos signos son conocidos por su capacidad de divagar.

También puede preguntarse cómo puede ayudar a los demás, pero primero tendrá que ayudarse a sí mismo. La Luna en Libra le mostrará el camino, si se lo permite.

Sol en Acuario + Luna en Escorpio

Esta es una combinación genial e interesante. El Sol en Acuario tiende a amar a la Luna en Escorpio por su profundidad y su forma de ver la vida.

Es una persona compasiva que no tiene miedo. Nada puede afectarle, y sabe que es un recurso valioso para muchas personas que le admiran. Cuanto más se aleja de casa, más en paz se siente.

Sol en Acuario + Luna en Sagitario

Esta es una combinación encantadora que siempre está dispuesta a trabajar duro para conseguir la experiencia que se merece. El Sol en Acuario es alguien a quien le gusta ayudar, y la Luna en Sagitario es la que le gusta ser ayudada.

No se queda quieto durante mucho tiempo. Es muy independiente y sabe lo mucho que valora su libertad porque no conoce a nadie más que piense o actúe como usted.

Sol en Acuario + Luna en Capricornio

Esta combinación es poderosa porque se llevan muy bien. Este Sol en Acuario hará que la Luna en Capricornio se sienta más relajada que con cualquier otra combinación de signos.

El Sol en Acuario le dará un sentido de pertenencia más amplio, y pronto empezará a notar que hay más cosas en la vida que su casa o su patio.

Sol en Acuario + Luna en Acuario

El Sol en Acuario probablemente se debate con la Luna en Acuario. Si este es su caso, está constantemente tratando de probarse a sí mismo por qué necesita hacer algo en lugar de otra cosa.

Siempre está encantado de viajar lejos, pero también siente que le está haciendo un favor a los demás cada vez que se va por mucho tiempo porque sabe que no pueden manejar su doble signo de aire por largos períodos.

Sol en Acuario + Luna en Piscis

Si ha nacido bajo esta combinación, es una persona idealista que siempre intenta ver el lado positivo de la vida. A veces puede que se sienta decepcionado, pero usted es el único culpable, teniendo en cuenta que pone todo y a todos en un pedestal.

Es muy sensible gracias a la Luna en Piscis, pero también es una persona muy independiente a la que le gusta hacer las cosas a su manera.

Capítulo 12: Luna en Piscis

Símbolo: Los dos peces

Elemento: Agua

Cualidad: Mutable

Planeta regente: Neptuno

Casa gobernante: Duodécima

Breve explicación de la Luna en Piscis

La Luna en Piscis es una persona amistosa y fácil de llevar, a la que le encanta hacer que los demás se sientan bien consigo mismos. Si ha nacido bajo este signo lunar, es probable que ayude a los demás cuando lo necesiten, sin esperar tener nada a cambio como agradecimiento.

Es probable que la Luna en Piscis le haga muy sensible a su entorno. Todo el mundo le quiere, y a usted le gustaría corresponder a todo el mundo, pero es consciente de la energía que otras personas liberan constantemente. Es empático, pero también es consciente de su necesidad personal de dar un paso atrás y tener más espacio.

Si ha nacido con este signo lunar, es un individuo muy intuitivo que tiende a ver lo bueno de las personas. Le encanta conocer a los demás, probablemente porque le gustaría descubrir si sus energías eran correctas con respecto a esa persona.

Es tolerante, pero sabe cuándo detener algo, especialmente si le está haciendo daño. No solo es el último signo de la rueda del zodíaco, sino que también es un signo mutable. Esto significa que está en marcha a favor del cambio. Nunca será el mismo Piscis que era hace un par de días.

Es el que llora constantemente cuando va a la boda de su mejor amigo y suele ser llamado "tío" o "tía" por todos los hijos de sus amigos. Los niños lo adoran porque saben que pueden obtener una conexión real con usted. Es un amigo divertido, y los niños pueden percibirlo.

La Luna en Piscis y sus rasgos de personalidad

Puntos fuertes de la Luna en Piscis

No es una persona materialista

Idealmente, solo vive con las cosas que realmente necesita. No se esfuerza por comprar más cosas, especialmente cuando sabe que el espacio es limitado.

Se centra en el valor esencial de los objetos. Si le hacen feliz y son útiles, los conservará. Si no, es el primero en regalar todo.

Es muy sensible

No le importa mostrar su lado sensible a los demás, especialmente a los más cercanos. Algunas personas pueden discutir su autenticidad, pero no se preocupe por ellas, porque usted es uno de los signos más compasivos del zodiaco.

Es idealista

Le gustaría que todo saliera bien, como en su cabeza. La diferencia es que no existe una influencia externa cuando se trata de sus pensamientos. La gente intentará hacerle caer en desgracia precisamente porque usted se centra demasiado en lo bueno. Ve la belleza en todas partes, y la mayoría de la gente no está preparada para aceptarlo.

Es creativo

Tal vez esté acostumbrado a encontrar nuevas formas de expresar sus emociones internas porque es un signo mutable. Ya sea a través de la pintura, la actuación o la fotografía, necesitas llevar todo al siguiente nivel.

Además, siempre influirá en los demás para que sigan su camino creativo, pero en sus términos.

Debilidades de la Luna en Piscis

A veces es pesimista

Puede resultar muy irónico que usted sea pesimista, teniendo en cuenta que es un manojo de alegría la mayor parte del tiempo, pero a veces esto puede afectarle, y sus niveles de energía comienzan a disminuir, solo como las mareas.

Si las cosas no salen como usted quiere, su mente empezará a llenarse automáticamente de pensamientos pesimistas. Se preguntará continuamente qué puede hacer de forma diferente la próxima vez.

Tiene un carácter débil

Solo le interesa lo que tiene delante porque no le interesan los demás. A veces la gente dirá que usted está alejado del resto del mundo y, como resultado, no se involucra en nada "serio" o digno de su tiempo.

Al ser un signo de agua mutable, se pregunta por qué los demás tienden a pasar por encima de usted. Se siente irrespetado, pero esto solo ocurre porque no se pone firme y explica a los demás lo que le molesta.

Confía en los demás con demasiada facilidad

Si la primera impresión es buena, está metido en un lío. No parará de confiar en esa persona porque quiere creer que llegó a su vida por una fuerza vital más fuerte.

Esto podría traerle problemas, especialmente cuando los demás no tienen los mismos valores sólidos que usted. Tenderá a confiar en los demás la primera vez que los conozca. Luego, si las cosas no salen según sus planes, se preguntará qué ha hecho para merecer semejante trato.

Es demasiado emocional

Es usted un signo lunar de agua, que es el epítome de lo que el agua puede lograr. Es emocional, no tiene miedo de admitirlo y le encanta llorar y mostrar a los demás que está bien ser débil.

La Luna en Piscis y su compatibilidad amorosa

La Luna en Piscis valora el hecho de ser emocional. Es consciente de que el mundo sería un lugar mejor si más personas se abrieran a sus verdaderos sentimientos. Independientemente de la ubicación de su Sol o Luna, este signo suele tener compatibilidad amorosa con los signos lunares de fuego (Aries, Leo, Sagitario) o de tierra (Capricornio, Tauro, Virgo).

La Luna en Piscis necesita a alguien compasivo. Si ha nacido bajo esta Luna, quiere que alguien le diga que está bien sentirse así. Pero también le gustaría que sintiera lo mismo que usted.

La Luna en Piscis es sensual y no teme iniciar una nueva relación. Lo ideal sería que su amor fuera hacia un signo de tierra, como un Capricornio. Ustedes dos harán una gran pareja. Para empezar, usted aportará más pasión y sentimientos hacia el signo de tierra, y ellos le aportarán una combinación más estable.

Por el contrario, la Luna en Piscis es menos compatible con otra Luna en Piscis. Dos signos de agua, así como dos signos mutables, son una receta para situaciones difíciles. Principalmente porque nunca saben hacia dónde se dirigen.

Piscis como signo solar y los diferentes signos lunares

Sol en Piscis + Luna en Aries

Si posee esta poderosa combinación, lo más probable es que sea una persona muy espiritual que siempre trata de encender el fuego interior que todo el mundo tiene. Además, es probable que este Piscis aporte fuego a la ecuación como ningún otro signo.

Le gusta seguir sus instintos porque conoce los dos opuestos que le acompañan: un signo de agua y un signo de fuego.

Sol en Piscis + Luna en Tauro

La Luna en Tauro le aportará el terreno necesario para explorar, mientras que su Sol en Piscis siempre significa que es muy empático con otras personas. Si tiene esta combinación, usted es alguien que disfruta hablando con los demás y logra comprender su verdadero modo de ser y cumplir con sus caminos de vida.

Esta combinación es enérgica y a la vez flexible con todo lo que la vida le depara. Piscis es un signo mutable, por lo que la Luna ayudará a Tauro a ser menos rígido o fijo y a estar más en sintonía con sus necesidades personales.

Sol en Piscis + Luna en Géminis

Las personas de estos signos tienden a ser artistas porque es una combinación muy creativa. El Sol en Piscis permitirá a la Luna en Géminis nadar a través de sus ideas y llevarlas a la orilla para convertirlas en realidades.

Géminis también permitirá que Piscis le muestre el camino, algo único para los gemelos, ya que están acostumbrados a tomar la iniciativa la mayor parte del tiempo. Una persona de estos signos siempre encuentra una forma impactante de compartir lo que siente.

Sol en Piscis + Luna en Cáncer

Todas las combinaciones dobles de signos de agua son intensas, pero esta lleva la intensidad a un nivel completamente nuevo. Esta combinación puede traducir diferentes tipos de energías en segundos. Son casi psíquicos cuando están juntos.

Si ha nacido con estos signos, es muy intuitivo, ya que necesita mantener el equilibrio entre ellos para liberar la antigua energía transportada por el empático Cáncer.

Sol en Piscis + Luna en Leo

Afortunadamente, para el signo de fuego, tener el Sol en Piscis significa que pueden arrojarse a ese lugar, o puede desaparecer completamente bajo el agua.

Estos Piscis suelen tener una personalidad más fuerte, precisamente por su Luna de fuego. Son personas muy sensibles que empatizan con los demás. Sin embargo, siguen teniendo una batalla interna que librar. ¿Quién va a ganar, el agua o el fuego?

Sol en Piscis + Luna en Virgo

En la rueda del zodiaco, Virgo y Piscis están enfrentados. Como resultado, tiene un equilibrio interno que no tienen muchos otros signos. Se encuentra entre las capas internas y las externas constantemente. Su signo lunar de tierra siempre le dice cómo debe sentirse, mientras que el Sol en su signo de agua le muestra cómo debe sentirse.

Cerciórese de que la Luna en Virgo permanezca en su lugar, o perderá su lado creativo, el que le reconecta con usted mismo. Si mantiene la calma e integra estos dos signos, probablemente se sentirá y será más feliz.

Sol en Piscis + Luna en Libra

Si ha nacido con esta combinación, es probable que haya experimentado fases difíciles a lo largo de su vida. Primero, desea nadar en las profundidades del océano de sus pensamientos. Luego, decide que lo mejor es mantenerse alejado, en algún lugar donde pueda ver todos los lados.

También tiene una intensa intuición emocional, y debe prestarle atención. No aceptará los malos tratos ni a las personas que juzgan a los demás.

Sol en Piscis + Luna en Escorpio

Este es un encantador signo de agua doble. Tanto Escorpio como Piscis lucharán por mantener el trono. Es probable que la Luna en Escorpio le diga dónde tiene que nadar y cómo hacerlo con profundidad.

Lo más probable es que siempre esté mejorando. Ya sea que esto signifique que está teniendo éxito académico o que está inventando cosas nuevas, su mente viaja a nuevos lugares donde nadie más ha estado.

Sol en Piscis + Luna en Sagitario

La Luna en Sagitario es la que hará que el Sol en Piscis se sienta único. El signo de agua siempre está pendiente de usted. Su signo de Piscis aguará el fuego de su Sagitario cuando sea necesario, independientemente de que le guste o no.

Sin embargo, la Luna en Sagitario también es alguien que se adentra en su interior. Por lo tanto, se pregunta constantemente si debe continuar con su viaje filosófico interior.

Sol en Piscis + Luna en Capricornio

Estos dos signos forman una combinación encantadora. Sorprendentemente, la Luna en Piscis le hará profundizar en su interior mediante un viaje de sanación. Es algo que nunca creyó que sucedería, pero llegará a sí mismo si lo permite.

Usted es una persona a la que le gusta hablar con su familia y amigos durante horas, sin parar. Le admiran, y usted es su líder, a veces sin siquiera saberlo.

Sol en Piscis + Luna en Acuario

Si ha nacido bajo esta combinación, es una persona idealista que siempre intenta ver el lado positivo de la vida. A veces puede que se sienta decepcionado, pero usted es el único culpable, teniendo en cuenta que pone todo y a todos en un pedestal.

Es muy sensible gracias al Sol en Piscis, pero también es una persona muy independiente a la que le gusta hacer las cosas a su manera, gracias a su Luna en Acuario.

Sol en Piscis + Luna en Piscis

Este es el último signo doblemente acuático y doblemente mutable. Qué vida puede tener. Es intenso, fuerte, adaptable y entusiasta de los cambios.

Probablemente se aburra con facilidad y necesite invertir sus energías en cosas o conocimientos nuevos constantemente. Sin embargo, tenga cuidado; demasiada agua puede causar graves inundaciones.

Conclusión

Su signo lunar es una pieza esencial en su viaje de autodescubrimiento. Quienes se interesan por la astrología y han estudiado la influencia del signo lunar son conscientes de que la Luna influye en las decisiones de una persona. Sin embargo, la Luna también le dice cómo sentirse o le hace sentirse a gusto, la mayoría de las veces.

La Luna es la que rige su "yo interior", y necesita tener esta información para ver lo que le hace feliz y único. Su signo lunar le explicará quién es usted en un nivel más profundo, qué necesita trabajar y por qué necesita hacerlo.

Su signo lunar también expondrá los puntos fuertes y débiles de su signo solar. Irá tras el Sol, preguntando por qué reaccionó de cierta manera o le dijo que hiciera algo diferente a lo que la Luna ordenó.

Pero también le dará una nueva dinámica en la que no había pensado, porque cuando su Sol y su Luna se mezclan, se complementan. Además, la Luna cambiará de forma dentro de un ciclo, que dura más de veintisiete días, por lo que pasará de Luna llena a fases crecientes y menguantes, a fases de cuarto creciente, para finalmente volverse invisible cuando sea la fase de Luna nueva.

Esto tendrá un profundo impacto en las decisiones que tome y en su estado de ánimo. Si es mujer, esto podría afectar incluso a su periodo menstrual. Por lo tanto, la Luna está destinada a cambiarle de diferentes maneras a lo largo de un solo mes. Además, hay una fuerza gravitatoria presente en la naturaleza, ya que cuando la Luna está más cerca de la Tierra, las mareas oceánicas crecen exponencialmente.

Desde una perspectiva más amplia, se puede afirmar que el Sol es la energía masculina, la predominante y la figura paterna que se desvive por iluminar incluso las zonas más oscuras. Mientras que la Luna se asocia a la energía femenina, es una figura materna y representa la naturaleza y cómo transcurren sus ciclos. El Sol representa el pensamiento lógico, mientras que la Luna representa los sentimientos en bruto. El signo solar es el primero en actuar hacia algo, mientras que el signo lunar reacciona con respecto a eso.

Lo esencial es saber que todos los seres humanos tienen una energía femenina y masculina innata. Son como el yin y el yang; todos tienen ambos colores. Sin embargo, la sociedad enseña que hay que elegir uno y centrarse en él.

Sin embargo, si es un hombre, también tiene una energía femenina sutil que necesita alimentar. Si es una mujer, también tiene una energía masculina sutil que debe cuidar. La importancia aquí es encontrar un equilibrio entre estas dos energías y descubrirlo a través de sus signos solares y lunares.

Sin embargo, esto no quiere decir que un signo sea más importante que el otro. Al contrario, es imposible determinar cuál es el que más afecta a un individuo.

Ambos signos son mutuamente dependientes el uno del otro. Casi parece que existe una fuerte fuerza gravitacional que hace que los dos signos trabajen juntos.

Si está buscando formas de tener una conexión interna más profunda y de comprender sus sentimientos y sus reacciones y acciones en general, eche un vistazo a su signo lunar.

Si su signo lunar es el mismo que su signo solar, significa que nació bajo la Luna nueva, cuando el cielo estaba completamente oscuro y le daba la bienvenida.

En cambio, si su signo lunar está directamente opuesto a su signo solar, significa que nació bajo una Luna llena. Por lo tanto, en lugar de separarse de los demás, está acercándose a ellos.

En el mundo de la astrología, conocer su signo lunar es primordial para saber más sobre su carta natal. Su personalidad emocional se presenta a través de su signo lunar. Si se centrara constantemente en su signo solar, descubriría un lado de su energía, la energía masculina. También estaría dejando atrás alguna información relevante sobre su lado femenino.

Pero el signo lunar también puede explicar por qué a veces actúa bajo la perspectiva de un signo cardinal, fijo o mutable. Quizás su Sol es fijo, pero su Luna es mutable, por lo que busca intensamente el cambio interior.

Cuando estas energías chocan, darán forma a su personalidad. Sin embargo, es necesario que tome conciencia de ellas para que estas energías trabajen a su lado. Si no, los rasgos de los signos actuarán y jugarán cuando quieran hacerlo. Lo mejor sería trabajar en su carta natal con alguien que la conozca y pueda guiarle. De lo contrario, lo más probable es que se confunda con toda la información que puede descubrir.

Piense en la carta como en una cebolla. El signo solar es la primera capa, la que puede quitar fácilmente. La segunda capa es el signo lunar. La tercera y cuarta capa son el resto de la información que tiene su carta natal.

Cada signo del zodiaco es único, y si a esa ecuación le añadimos un signo lunar, nos encontramos ante un regalo, porque hay 144 combinaciones para que la gente elija, o para que el universo lo elija por usted como fuerza vital representativa.

Este libro debería haberle proporcionado mucha información sobre cómo los signos solares y lunares del zodíaco pueden trabajar juntos para formar una persona sana, cariñosa y atenta... es decir, usted.

Bienvenido a este nuevo viaje. Con suerte, su signo lunar está preparado para revelar algunas verdades sobre usted mismo que probablemente haya dejado en el olvido en la zona más oscura de su cerebro, corazón y alma. Lo ideal es que su signo solar le ayude a llevar algo de luz a esas zonas. De este modo, continuará su camino de curación.

Vea más libros escritos por Mari Silva

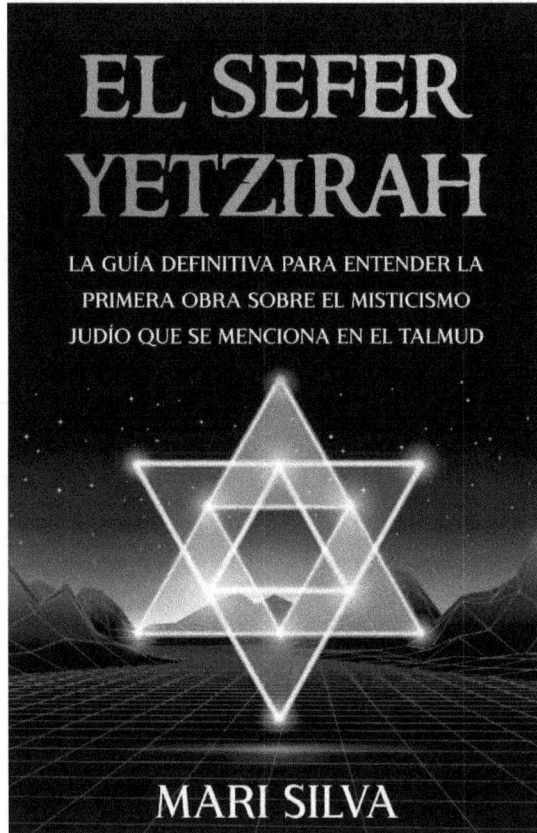

EL SEFER YETZIRAH

LA GUÍA DEFINITIVA PARA ENTENDER LA
PRIMERA OBRA SOBRE EL MISTICISMO
JUDÍO QUE SE MENCIONA EN EL TALMUD

MARI SILVA

Bibliografía

Astrostyle: Astrología y Horóscopos diarios, semanales y mensuales por Los AstroTwins. (2016). Astrostyle: Astrostyle: Astrología y horóscopos diarios, semanales y mensuales por The AstroTwins. https://astrostyle.com

Faragher, A. K. (n.d.). *Lo que su signo lunar revela sobre su personalidad emocional.* Allure. Extraído de: https://www.allure.com/story/zodiac-moon-sign-emotional-personality

Signos solares, astrología y todo lo demás que le encantará | SunSigns.org. (n.d.). Signos solares.

https://www.sunsigns.org/

Las diferencias fundamentales entre su signo solar y lunar - Astroyogi.com. (n.d.). Www.Astroyogi.com. Extraído de: https://www.astroyogi.com/articles/the-fundamental-differences-between-your-sun-and-moon-sign.aspx

Well+Good | Su relación más saludable. (n.d.). Well+Good. Extraído de: https://www.wellandgood.com

7 Ways Understanding Your Zodiac Sign's Element Can Affect Your Horoscope. (n.d.). Bustle. https://www.bustle.com/life/7-ways-the-element-of-your-zodiac-sign-affects-your-life-why-its-so-important-to-understand-8728690

https://www.astrology.com/zodiac-signs/aries

Aquarius: Aquarius Sign Dates, Traits & More. (2017, September 25). Astrology.Com.

https://www.astrology.com/zodiac-signs/aquarius

Aries Zodiac Sign Facts, Traits, Money and Compatibility | SunSigns.Org. (2019, February 19). Sun Signs. https://www.sunsigns.org/aries-zodiac-sign/

astrologer, M. H. M. H. is an, Reader, T., & Hall, author of "Astrology: A. C. I. G. to the Z." our editorial process M.

(n.d.-a). Retrieved from https://www.liveabout.com

Cabral, C. (n.d.-a). https://blog.prepscholar.com/

Cancer Sign: Cancer Zodiac Dates & Traits. (2017, September 25). Astrology.Com. https://www.astrology.com/zodiac-signs/cancer

Cancer Zodiac Sign Facts, Traits, Money and Compatibility | SunSigns.Org. (2019, February 21). Sun Signs. https://www.sunsigns.org/cancer-zodiac-sign/

Douglas, M. (n.d.). The Fundamental 6 Pisces Traits, Explained. Blog.Prepscholar.Com. Retrieved from https://blog.prepscholar.com/pisces-traits

Faragher, A. K. (n.d.). Each Zodiac Sign's Unique Personality Traits, Explained by an Astrologer. Allure. Retrieved from https://www.allure.com/story/zodiac-sign-personality-traits-dates

February 29, 2020, & Stapleton, D. (n.d.). Capricorn Zodiac Sign: Characteristics, Dates, & More. Www.Astrology.Com. Retrieved https://www.astrology.com/zodiac-signs/capricorn

Gemini Zodiac Sign Facts, Traits, Money and Compatibility |
SunSigns.Org. (2019, February 21). Sun Signs.
https://www.sunsigns.org/gemini-zodiac-sign/

Leo: Leo Zodiac Sign Dates, Traits & More. (2017, September 25).
Astrology.Com. https://www.astrology.com/zodiac-signs/leo

Leo Zodiac Sign Facts, Traits, Money and Compatibility |
SunSigns.Org. (2019, February 21). Sun Signs.
https://www.sunsigns.org/leo-zodiac-sign/

Libra Sign Dates, Traits, & More. (2017, September 25).
Astrology.Com. https://www.astrology.com/zodiac-signs/libra

Logan, B. (n.d.-a). https://blog.prepscholar.com/aries-traits-
personality

May 14, 2020, & Stapleton, D. (n.d.). Scorpio Zodiac Sign:
Characteristics, Dates, & More. Www.Astrology.Com. Retrieved
https://www.astrology.com/zodiac-signs/scorpio

Muniz, H. (n.d.-b). The 7 Aquarius Traits You Need to Know.
Blog.Prepscholar.Com. https://blog.prepscholar.com/aquarius-traits-
personality

Muniz, H. (n.d.-c). The 7 Fundamental Cancer Traits and What
They Mean for You. Blog.Prepscholar.Com. Retrieved
https://blog.prepscholar.com/cancer-traits-personality

Pisces Zodiac Sign Facts, Traits, Money and Compatibility |
SunSigns.Org. (2019, February 22). Sun Signs.
https://www.sunsigns.org/pisces-zodiac-sign/

Robinson, A. (n.d.-a). The 5 Fundamental Sagittarius Traits You
Need to Know. Blog.Prepscholar.Com.
https://blog.prepscholar.com/sagittarius-traits-personality

Robinson, A. (n.d.-b). The 8 Key Leo Traits: Your Guide to the
August Zodiac Sign. Blog.Prepscholar.Com.
https://blog.prepscholar.com/leo-traits-personality

Sagittarius Zodiac Sign Facts, Traits, Money, Compatibility |
SunSigns.Org. (2019, February 22). Sun Signs.
https://www.sunsigns.org/sagittarius-zodiac-sign/

Scorpio Zodiac Sign Facts, Traits, Money and Compatibility |
SunSigns.Org. (2019, February 22). Sun Signs.
https://www.sunsigns.org/scorpio-zodiac-sign/

Seigel, D. (2016). The 7 Fundamental Gemini Traits, Explained.
Prepscholar.Com. https://blog.prepscholar.com/gemini-traits

Sun in Aquarius Sign: Meaning, Significance And Personality Traits
| SunSigns.Org. (2014, September 15). Sun Signs.
https://www.sunsigns.org/sun-in-aquarius/

Taurus Zodiac Sign Facts, Traits, Money and Compatibility |
SunSigns.Org. (2019, February 21). Sun Signs.
https://www.sunsigns.org/taurus-zodiac-sign/

Virgo Zodiac Sign Facts, Traits, Money and Compatibility |
SunSigns.Org. (2019, February 21). Sun Signs.
https://www.sunsigns.org/virgo-zodiac-sign/

What Does Your Sun, Moon, and Rising Sign Really Mean? (n.d.).
Mindbody.
https://explore.mindbodyonline.com/blog/wellness/what-does-your-
sun-moon-and-rising-sign-really-mean

What's The Difference Between Your Sun, Moon & Rising Signs?
An Astrology Explainer. (n.d.). Bustle.
https://www.bustle.com/p/whats-the-difference-between-your-sun-
moon-rising-signs-astrology-explainer-38066

www.ingramcontent.com/pod-product-compliance
Lightning Source LLC
Chambersburg PA
CBHW071856090426
42811CB00004B/633